Twenty leading educators
reflect on the work of
school reform

二十位教育先行者对教育改革的反思

〔美〕理查德·F.埃尔莫尔 主编

张建惠 译

商务印书馆
The Commercial Press

2017年·北京

图书在版编目(CIP)数据

二十位教育先行者对教育改革的反思/(美)理查德·F.埃尔莫尔(Richard F. Elmore)主编;张建惠译.—北京:商务印书馆,2017
ISBN 978 - 7 - 100 - 12739 - 4

Ⅰ.①二… Ⅱ.①理… ②张… Ⅲ.①教育改革—研究—美国 Ⅳ.①G571.21

中国版本图书馆 CIP 数据核字(2016)第 281861 号

权利保留,侵权必究。

二十位教育先行者对教育改革的反思
〔美〕理查德·F.埃尔莫尔 主编
张建惠 译

商 务 印 书 馆 出 版
(北京王府井大街36号 邮政编码100710)
商 务 印 书 馆 发 行
北京冠中印刷厂印刷
ISBN 978 - 7 - 100 - 12739 - 4

2017年2月第1版 开本 787×960 1/16
2017年2月北京第1次印刷 印张 9

定价:30.00元

致 谢 词

我要特别感谢哈佛教育出版社那些辛勤工作、孜孜不倦的同行,特别是卡洛琳·乔恩西女士(Caroline Chauncey),如果没有她自始至终的努力,这本书就无法得以问世。

目 录

引言 | 理查德·F.埃尔莫尔 … 1

1　为弘扬理论而辩 | 吉恩·安永 … 3

2　成功的本土知识和法则 | 欧内斯托·J.小科尔特斯 … 8

3　热情与目标 | 鲁迪·克鲁 … 14

4　民主社会里学校的作用 | 莱瑞·库班 … 19

5　问题在于政策，以及其他痛悟 | 理查德·F.埃尔莫尔 … 25

6　从渐进教育到教育多元化 | 霍华德·加德纳 … 29

7　五年太短 | 贝弗莉·L.霍尔 … 35

8　全纳教育反思 | 托马斯·赫尔 … 40

9　想法比现象更犀利 | 杰弗里·R.海内各 … 46

10　你所说的"专家"，我认为也不过如此
　　| 弗雷德里克·M.海斯 … 51

11　寄希望于探索 | 黛博拉·朱厄尔-谢尔曼 … 58

12　重新思考教育改革中教师工会的职责 | 布拉德·贾普 … 64

13　有谁想要标准化的小孩呢? | 丹尼斯·李特奇 … 72

14　重新思考信仰 | 黛博拉·梅耶尔 … 80

15 "学校改革"是不够的 | 罗恩·米勒 … 84

16 不论如何，在批判中坚持希望 | 索尼娅·涅托 … 90

17 在重振公立教育时重新思考 | 查尔斯·M.佩恩 … 96

18 格格不入 | 拉里·罗森斯托克 … 101

19 利害攸关的渐进式教师工会制度 | 马克·西蒙 … 105

20 反思 | 马歇尔·S.史密斯 … 110

注释 … 123
主编介绍 … 128
作者介绍 … 129

引 言

理查德·F. 埃尔莫尔

从七八年前开始，每次在课程或教师培训项目接近尾声时，我都要求学员提交一个简短的报告。报告有两栏，第一栏是"我曾认为……"，记述他们在参加课程或培训项目之前的主要观点和看法；另一栏是"现在认为……"，写出课程或培训之后，他们对于同一话题的新看法。我们通常举行贵格教徒式（Quaker-style）的自由讨论来交流思想，无须指定，大家随意发言。这个报告的创意来自于受"哈佛零点计划"资助的"可见思想网站"（Visible Thinking），该网站给教师提供了许多具有启发性的做法，鼓励学生讨论学习问题，使课程更具深度和思想性[1]。

不知当初是出于什么原因采取提交报告这一做法——我在课堂上惯于花样翻新，有时确实不产生什么积极效果，这一点学员们可以作证；当时我确实颇为忐忑——万一学员们反馈说，这种做法对他们的观念丝毫不产生影响呢？然而，无一例外，每份报告都让我震惊不已。他们的反思最让我震撼的，不是他们如何深刻细致地掌握了我教的内容——对于为师我，这自然总是莫大的鼓舞——而是他们让所学内容产生了多重意义。学与教之间的关系很简单吗？这个过程足以证明，绝非如此。

此后，大约一年前，就这四十年的教学和研究当中我自身观念的转变[2]，我为《哈佛教育通讯》（Harvard Education Letter）撰写了一篇短文，那篇文章使我有了编辑今天这本书的想法。当初简单的反思报告所具备的更普遍的价值，在本书的论文里得到了证明。我诚邀作者们针对那个汇报进行简短的回顾；他们勇气十足地接受了这项挑战，提交了堪称反思实践典范之作的文章。

现在我们置身的环境，不论从政治、社会、学术还是文化方面来说，都强调不可撼动的思想界线、确凿无疑的真理，好像世界已经被分割成了难以调和的派别，每个派别都坚持着无可辩驳的前提和斩钉截铁的结论。这种风气的形成，也许是因为周围事物变动不居、难以捉摸而产生的危机感。但是我们也应该承认，难以捉摸的时代，其实更需要灵活、内省、不拘泥于成规的思维——训练有素的学习品质理应如此。

按照充满创意的"零点计划"报告的说法，将这些文章汇聚到一起的目的，就是"让学习过程可见"——在本书中，就是清晰记录这些教育界领军人物的职业成长经历。每个从事某种专业的人都有义务从职业生涯中学习积淀，让思维更加严谨、丰富，必要时从根本上重塑思维。通过撰写这些文章，本书的作者们和我都希望小规模地创建一个塑造专业话语的模式。在号称专门用于开发学习能力的教育领域里，却没有多少迹象能证明从业人员在职业过程中实际学到了多少，这未免有些讽刺意味。

因此，这本书就是对教育界各位同仁的邀请，请您加入一场更为广泛的专业讨论，加入这个重视以逻辑和实证来规范成长的、不断反思不断实践的群体。请您，还有您的同行们，来跟我们一起进行讨论吧。

1

为弘扬理论而辩

吉恩·安永

自1982年以来,我始终呼吁重视教育理论研究。在那年出版的《从理论到实践》这本刊物中,我提出研究理论应当来自实证,应当有理论解释力和社会批判力[1]。"来自实证",是说研究者要从微观层面收集数据,再利用数据来形成服务社会的理论;"有社会批判力",是要我们重拾"理论是实践的智慧"这一经典概念,只有坚持这个概念,才能走向实实在在的理解;要得到这样扎实的理解,必须将微观数据和宏观理论结合起来[2]。

12年后,在《课程研究》这本书中,我更明确地提出,无论教育研究者开创什么样的理论途径,都应当有助于实现更美好的世界[3]。对于"有益于社会的理论",我再次提出,除了有政治动机的评判标准,研究都应当兼顾微观和宏观两个层面。

要给"有益于社会的理论"进行分类,必须把个人的奋斗目标、远见与当下的大众行为和社会问题结合起来。有价值的理论既不可能完美无缺(因此貌似天衣无缝、不容置疑),也不会仅仅事后聪明或用途寥寥。相反,它不仅为了衔接社会宏大结构和日常生活而接纳精密复杂的描述,也力图用理论来衔接局部行为和普遍的社会制约。有价值的理论另一特征是，它提出的理论建议必须能够付诸实施；此外，这些理论的立场还应当体现理论的价值观和终极目标。举例来说，像马克思主义那样呼吁结束压迫的理论，自身就绝不应该压迫他人。最后，对社会发展有益的理论应当能够阐明哪些措施是可以直接采取的。有用的理论首要目的不是对概念精雕细刻，而是导向成功的政治作为[4]。

这些标准既坚定又确凿，问题只有一个：我自己的工作不符合这些要求。我的研究原则是理论应当具有批判性，应当将个人的政治关注与实证工作结合起来，建立在理论基础上的建议应当能够实施。但是，在我的研究过程中，没有具体的人、没有对日常生活的讲述、没有微观具体的东西。在早期研究中，我将结构马克思主义应用于社会阶级和学校知识的分析，将政治经济学应用在《贫民区教育》(Ghetto Schooling)一书和我最新的《哈佛教育评论》(Harvard Educational Review)文章中；这些理论的应用产生了重要的见解：认识经济体系与教育之间的关系。但是，这些作品提供的微观情况观察以及文化意义的生成或者个人在其中的作用，真的是非常有限的[5]。我的理论无法抓住这些现实问题的本质，因此我不能完全解释、不能描述我所见到的事物。在准备写作的过程中，有一个矛盾始终困扰着我：我不想将文化和文化对于具体个人产生的意义从研究中剥离出去，但是从政治角度来说，我也不能放弃自己基于对阶级的认识、从宏观视角出发得到的对社会不平等体制的认识。简言之，我尚未掌握一种社会批判理论，可以成功地连接宏观和微观问题。

教授二十年本科课程之后，2001年，我开始执教城市教育专业博士生课程。很快我发现，不管是在马克思主义理论还是其他领域，大多数学生对于理论所知甚少。多年来，我始终关注社会科学领域多种理论的发展，但是除了比较左派的理论，例如马克思、哈贝马斯（Habermas）、阿尔都塞（Althusser）、大卫·哈维（David Harvey）、萨斯基娅·萨森（Saskia Sassen）、弗里德里克·詹姆森（Frederick Jameson）等之外，我没有广泛阅读其他理论。为了给所讲的理论课程做准备，我开始深入地阅读米歇尔·福柯（Michel Foucault）、朱迪斯·巴特勒（Judith Butler）、皮埃尔·布迪厄（Pierre Bourdieu）、阿尔君·阿帕杜来（Arjun Appadurai）、萨巴·马哈茂德（Saba Mahmood）、南茜·弗雷泽（Nancy Fraser）、迈克尔·道森（Michael Dawson）和詹姆斯·C. 斯科特（James C. Scott）等人的作品。阅读让我意识到，这些学者为人类和各种文化提出观察分析的方法，帮助他们深入理解他们置身其中、也参与创造的体系和构造。2005年，我在著作《激进可能性》（Radical Possibility）中，重构了已经广为接受的社会运动理论，将个人行动者和组织机构放在问题的中心位置，他们通过政治辩论和社会运动[6]来成为推动历史的力量。借此我尝试部分解决我所面对的矛盾。

阅读理论和给研究生授课使我开始思考：如果曾经对这些人的微观世界多加关注的话，我的早期研究会有什么样的不同？如果我曾经记录下这些没有受过专业培养的人，是如何描述他们怎样遇到并对抗那些宏观力量的，我的早期研究会得到怎样的结论？或者，在20世纪80年代对社会阶级和社会知识的研究中，我是否能

我的研究原则是理论应当具有批判性，应当将个人的政治关注与实证工作结合起来，建立在理论基础上的建议应当能够实施。但是，在我的研究过程中，没有具体的人、没有对日常生活的讲述、没有微观具体的东西。

像安东尼·吉登斯著作中说的那样，发现生产和再生产之间的交互作用，揭示出面对学校社会环境的经济决定功能，教师和学生是进行共同再造，还是共同抗拒[7]？（在《贫民区教育》一书中，我对詹姆斯·C. 斯科特所描述的"伪文化批评"提出了警示，我是否能够洞悉公众如何解读政策，从而理解新泽西纽瓦克的教育者和家长们是如何抵制、反抗那个压制他们的体系的[8]？或者——如果一个孩子出身贫民区，环境里存在无数负能量逼他就范，——用米歇尔·福柯的话来说，我是否能领悟到学生们和家长们是如何抗拒命运力量对他们的驯服（或者说摧残）的[9]？如果我曾经把这些微观的埋论阐述结合进对宏观结构的剖析中，过去发表的文章就会有

更充实的数据、更翔实的解释。微观和宏观的作用过程彼此交互，通过描述具体的状况，过去就应该可以提供更完整的画面，描述社会生产、再生产，以及城市政治经济的发展。

但是，那时我没有关注新理论的必要性，也因此没有寻找理论工具去尝试从研究拓展到这个层面。讲授福柯理论数年之后，我意识到，他的理论严重挑战了来自马克思主义理论的"社会权力"概念。我逐渐意识到，权力不是仅仅从政府、公司或者权威人物向下"施与"，而是如福柯所述，简直如同我们呼吸的空气一样无处不在。我们制造权力，也被权力制造[10]。福柯的概念力量巨大，明显冲击了我早期的结构主义马克思观念。从那时起，我就试图将两者衔接起来。在授课同时，我寻找能够兼容社会结构和个人作用的理论，两种努力在2009年汇集成了一本书。对于教育研究中，我和学生们如何扩展理论能够起到的作用，书中进行了描述并且建立了一个范式[11]。我们见证了理论如何渗透研究过程的每个细节——包括提出实证研究问题、决定采纳哪些资料，也包括资料分析和阐释。我为这本书写了一个综述，书中分析了理论是什么、可以是什么、能够做什么、为什么理论是必要的。我教的一个博士生做的论文严谨扎实，其中每一章都体现了她在论文撰写之前和过程中对理论的运用——或者说，有时候是对她运用（理论因她的表述而显得更加贴切）。看着学生们对理论运用得日益精密、娴熟，我觉得我从他们身上学到的，比他们从我身上学到的多得多。

阅读理论和给研究生授课使我开始思考：如果曾对这些人的微观世界多加关注的话，我的早期研究会有什么样的不同？

举例来说，一个学生在社区兼任组织职务，在论文阐释理论运用的那章中，为了给一些来自意大利拉蒂纳的低收入父母申请资助，她运用了社会学家皮埃尔·布迪厄的理论，这对沟通起到了立竿见影的作用：那些家长想办法要让孩子在纽约市区上学，可是中学招生要求复杂烦琐，让他们望而却步。我的学生帮助他们了解了

布迪厄的文化和社会资本理论，社会主流的言谈、衣着和缔结政治关系所产生的影响力；他们随之采用了更理想的做法。布迪厄的理论让他们习得了一种语言，将他们曾经直觉感受到、却没有正式运用过的观念付诸实践。学生们的工作让我看到了宏观理论如何实实在在地得到运用。讲授博士生课程，把理论、研究、数据都像揉面团一样揉在一起的这几年是激动人心的。研究本身就令人振奋，作为一个传授知识的中间人，这个过程给了我前所未有的新鲜感。

2

成功的本土知识和法则

欧内斯托·J.小科尔特斯

我曾有很多错误的想法。因为考试有诊断性,我认为考试是有用的工具;现在我认为,考试制度形同惩罚,让公立学校死气沉沉;我认为只要我们积累足够的实例,说明携手其他社区机构重新塑造学校文化是成功的,教育局长就能够让我们拥有真正的学校管辖和控制权力,学校就能像一个大体系之内的辖区一样运转。现在我认为,这已经基本无法实现了,因为惩罚性的、自上而下的标准化考试造成了学生的恐慌。我曾认为,我们实实在在的成功会吸引人们的注意力,改变他们关于学校改革的观念;现在我知道,如果成功的实例是来自于普通人的经历和实地总结,而不是来自于专家分析的数据,一般都会被置之不理。

例证是重要的,我对此坚信不疑;数据也是重要的,但是数据不是唯一的例证,数据太抽象,也太容易被人操纵。更有人指出,虽然数字并不撒谎,但是会被撒谎的人利用。要让数据起作用,前提是它能反映现实,并且使用数据的人要对数据的局限性非常清楚。"需要深度研讨标准化考试数据"这种老生常谈的建议忽视了一个事实,就是我们的考试体系本身千疮百孔。将标准化考试作为一种教育措施的观念十分可笑,因为这种观念意味着应该存在标准化的孩子、标准化的大脑。

按照计算利润、管理生产的方式来衡量和评估教育与学习是不可行的——许多商业和慈善社团领导人都没能理解这一点。标准化考试和考试数据的确是一个衡量学校成功程度的方式，但是如果离开这一语境，它们就失去了大部分意义。一些人可能仕途得意，自视为人中俊杰、前程远大，不情愿屈尊作学习者的领袖；让这些人来管理一个学区，也不是该地教育之幸。只有通过调动校内校外所有人的努力——包括教师、家长和社区领袖，教育管理者们才能为这个校区提供最好的服务，因为这些人拥有希腊人所称的"本土知识"（metis），这种知识来源于经历，深植于实践。

除非跟他人谈起自己的工作时，人们经常意识不到自己具备什么样的知识技能。举个例子来说，一线教师总是忙于教学，意识不到自己有很多知识就包含在他们的工作和习惯当中。所以，必须要鼓励、引导、帮助他们来思考从经历中积累的知识。通过有规划、有重点的个人之间和群体之内的交谈，人们能够发现和整理自己的本土知识。我们必须通过上述过程才能确定我们所说的"社会知识"究竟是什么，又该如何理解。

詹姆斯·C.斯科特在《国家的视角》（Seeing Like a State）一书中提醒我们，检验本土知识的有效方法，是它能否带来现实的成就[1]。对于学校改革来说，就是检验它是否能引领真正的学习。多年来，在得克萨斯州的"联盟学校项目"（the Alliance Schools Project）中，感谢公立学校网络卓越的校内外协同工作，本地标准化考试

只有通过调动校内外所有人的努力——包括教师、家长和社区领袖，教育管理者们才能为这个校区提供最好的服务，因为这些人拥有希腊人所称的"本土知识"（metis），这种知识来源于经历，深植于实践。

成绩远远高于社会经济地位类似的学校，学生出勤率和教师的职业自豪感也大有增长。我们培养的部分教师起到标杆作用，使他们兼具教育学生和教育同行的职能。许多人走上校长的岗位以后，仍视自己为教师之首或者导师，而不是高高在上的管理人员。作为教师之首，他们的任务是建设学习者的群体，核心任务是让成年人对孩子的成长责无旁贷、充满关爱；这

个学习者群体的建设需要与一个组织者合作，与这个组织者一起在家长、教师、各类工作人员、其他周边的社会机构（例如基督教会、犹太教会、清真寺、佛教寺院等）当中发现能够起到带头作用的人，这些人愿意制定策略，并且鼎力合作以在当地形成真正的教书育人、学习进取的环境。让家长在这个过程中起带头作用，意味着他们要在学校这个环节成为引领力量，从学校医疗服务到提高课程难度设置，在诸多事务中发挥作用。周边机构对学校的参与意味着增进了校内外双方的情感沟通，也改善了学校的办学条件。

校内外成年人的参与对学生的学习能力发展起到了极大的促进作用，但是这一点非常难以量化。专家们无法对其进行还原分析，并且由于"不让一个孩子掉队"（No Child Left Behind Act）这样的法案，要大规模地延续这样的做法也很不容易。与此同时，许多曾经支持过我们工作的基金会转而寻找另外的项目去尝试了。

好在一个曾经持续支持学校内外协同工作的基金会决定投入资源对 Austin Interfaith[①] 这个机构进行严肃的评估。研究者们提出了三个问题：Austin Interfaith 在哪些方面影响了学区政策？Austin Interfaith 的校内外协同在多大程度上影响了学校成功教育学生的能力？Austin Interfaith 的校内外协同是否产生了可以量化的学业水平进步？

他们得出了完全正面的调查结果，其中包括一个还原分析，证明了该机构的参与和得克萨斯州学生标准化考试成绩之间存在相关性。在一个学校，Austin Interfaith 曾进行深度参与，后来该校学生学业水平获得了 15 至 19 分的提高，而参与相对较少的学校只提高 4 分[2]。该项研究也记载了 Austin Interfaith 的积极影响已经超越了它参与组织事务的学校，渗透到了该区所有经费欠缺的学校。

对这样的成就，有没有褒扬之声？有没有人提出，这是一个学校改革

[①] Austin Interfaith 是一个无党派、多种族成员的公益机构，旨在解决影响民众生活问题，包括推进司法公正和推进民主价值观念。——译者注

的新时代？媒体有没有广泛宣传？全都屈指可数。

公平地说，许多深思熟虑的研究者对我们多年来的学校教育进行了深刻剖析。霍华德·加德纳（Howard Gardner）、理查德·默南（Richard Murnane）、丹尼斯·谢利（Dennis Shirley）、托马斯·海奇（Thomas Hatch）等人对联盟学校的成就做了大量的说明，撰写了大量的著作。可惜的是，这些声音被淹没在对特许学校、绩效工资、规定课程等等的一片鼓噪之中。

在一定程度上，问题的存在是因为要让战略发挥作用还要假以时日，或者说要我们付出"耐心成本"。要培植领军人物、塑造必要的社会关系、积累必备的知识，都需要漫长的时间。

信任的形成同样旷日持久。查尔斯·潘恩在《无数改革，些微成效》（So Much Reform, So Little Change）中提到，学校运转不力，成年人之间信任的匮乏也是一个原因。而当长期以后，只要在学校成年人之间形成了信任关系，学生的成绩就会提升[3]。联盟学校的经验也证实了这一点。

要培养好的文化氛围，不仅让学生、而且连校外的成年人都孜孜不倦地学习，必须恒久坚持。从好的方面说，校内外协同工作在社会上形成了一种好风气，它是持续进步的，而非一成不变。一部分阻力在于，许多人想寻求一种统一的学校改革模式。但是学校存在于不同环境、不同状况中，这些环境和状况始终在变。

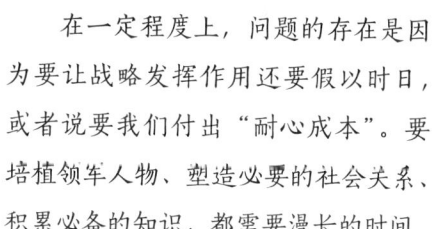

在一定程度上，问题的存在是因为要让战略发挥作用还要假以时日，或者说要我们付出"耐心成本"。要培植领军人物、塑造必要的社会关系、积累必备的知识，都需要漫长的时间。

这也导致要让我们付出的努力获得认可颇为不易：在策略安排中，学校改革永无止期，需要持续不断、经年累月的评估、调适。为什么？因为世界时时变化、人口始终流动、科技日新月异、设备不断老化、资源新旧更替、经济有起有落、家庭时时都在经受不同的压力——也正是那些送孩子来到学校读书的家庭，家长、老师、工人们的家庭。

环境在改变，除非一所学校的风气是终生学习和适应，不断支持新领袖人物的培养，否则人们应对新问题的能力就会渐渐消失。

要一个教育主管人员事无巨细地管理教师的工作，比如了解上午10点他的辖区里四年级的老师在教哪一页书，听起来实在匪夷所思。过去的几十年间，按照工厂模式搞教育的做法已经多次受到批判和摒弃。就算教育的首要目的是为了学生能就业（事实并非如此），要让年轻人为21世纪的经济做好准备，工厂式的教育也只能起反作用。如果身陷自上而下强调被动服从的文化，不论学生还是成人，无一例外，没有人能塑造自己的创造力和创新思想，没有人能够学到摩托罗拉的掌门人弗兰克·列维（Frank Levy）和理查德·默南（Richard Murnane）所形容的"软技能"：即以口头或者书面方式有效地与他人沟通的能力，通过提出假设、检验假设解决问题的能力，与背景不同的人通力合作的能力；没有人能形成列维和默南在《教会关键新技能》(Teaching the New Basic Skills)一书序言里说过的"最关键技能"——终生学习的能力[4]。

实现终生学习的前提是了解人的智力资源不仅仅是知识，而更多是分析和反思的能力。我们必须在思想上做好准备，既让学生认识到美国宪法的可敬可畏和伟大之处，也要承认它是一个问题重重的文件，曾经忽视无财产公民的权利、允许恐怖的奴隶制存在。教育与仅仅传授知识不同，教育应当带领学生发现民主文化的价值、珍惜民主文化的宝贵，同时也让学生从内心对其保留质疑，思考它的弱点。实际上，纳税人支持公立教育的首要原因就是公立教育反复强调的民主文化愿望和价值观。只有当教育的主旨是教会年轻人在理解其他人的观点看法的同时，保留、提出并捍卫自己的观点，我们才有希望在一个孤立主义、自我中心、多极化的国家和世界里维持民主。

即便对于成人来说，公立学校也是民主参与的源泉。黛安·莱维奇（Diane Ravitch）在她的著作《美国伟大学校体系的存亡》(The Death and Life of the Great American School System)一书中提出，学校对于当地人是唯一可以让他们与周围民众集合起来畅所欲言、唇枪舌剑、做出民主抉择的机构⁵。

在美国最高法院大法官艾雷娜·卡根（Elena Kagan）的任命听证会上，参议院司法委员会的表现让我震惊：第一，我们对辩论的概念已经如此残缺不全；第二，除了在辩论中表明自己的立场外，我们无法真正进行观点的交锋，我是指我们摆出自己的观点和预定的立场后，停下来边听别人发言、边思考自己该如何回应。我们仿佛失去了真正专注思考、据理力争的能力来让双方经过充分讨论，达成合理解决和妥协。

民主文化的核心即在于此，比起以往任何时候，我们现在愈发需要机构传授这些习惯和行为。

没有公立教育就不会有民主文化，这么说并不是耸人听闻。早在19世纪30年代，推行免费公立教育的用意，就是使之成为"对民主状况的试金石、融合多种背景的孩子、实现共同价值之途径"⁶。如果我们不知道如何让公立学校更好地承担起传承民主文化的重任，自我管理的公民权利必将岌岌可危。

3

热情与目标

鲁迪·克鲁

1973年,我来到因为反对种族隔离运动而一团乱象的加州,在帕萨迪纳联合学区的一所中学,开始了我的教学生涯。在妻子和孩子之外,我的快乐、灵感和热情大部分来自于学生们。我每天信心满满地起床、兴致勃勃地上班、疲倦而愉快地下班,时时刻刻都充满了希望。我那时认为这些足以带来改变——认为我的乐观和学生的成绩会有相辅相成的关系,就像窗玻璃碎了我的学生家长们肯定抵制家长开放日一样合情合理。我深信,只要我尽心对待学生,努力彰显教师的关爱,就能弥补学生们对动名词、分词的无知,能让他们顺利实现未来的梦想。简单地说,我相信乐观、热情、传递爱心就是一切。可是,我的想法很快就受到了打击。

洛杉矶联合学区教育主管,拉蒙·柯丁内斯(Ramon Cortines)先生的办公室紧挨着我的教室,他不请自来走进我的课堂是家常便饭。一天,在我给学生讲写作风格时,他和另外两个管理人员模样的人出现在我的教室里,我感觉他们听了好久好久都不走。大约20分钟以后,柯丁内斯博士问我的学生们是否了解这堂课的目标。学生们的回答五花八门让我抓狂。下课铃响了,我总算得救了——或者我觉得我是得救了。

柯丁内斯博士没有离开,而是直截了当地问我,"前面这堂课的五十分钟，你有没有授课目标？"然后又问，"头脑里有没有这个学期、这个学年的目标？"我做出了肯定的答复，但是又意识到，我用来对答的，无非"热情、信仰、奉献"之类的词语。作为罗恩·埃德蒙兹（Ron Edmonds）的信徒，我对这些词汇自然了如指掌。不过主管大人坐了下来，要我跟他多聊一会儿，我意识到，他不想仅仅听到这些说辞。他要为这些孩子找到一个能从零开始、改变现实的计划。他问我打算如何教育那些学习不好、家境贫穷、又看似冷漠厌学的孩子。他问得穷追不舍，我答得左支右绌。

那天我无比郁闷地回家了。作为一个新手老师，仅靠热情和爱心难以维系。教学的目的、计划、策略和技巧都是我下个阶段必须具备的，没有这些，我就像是一个蹩脚的手术医生，虽然愿望美好但却两手空空。

现在快进到下一阶段……到我当中学校长，还有最终担任纽约市教育局长的那个时间。如今，那个进教室或长或短地听课、跟校长、老师们交谈的人，已经换成了我。无论过去还是现在，我总能感受到老师们和学校负责人的热情与奉献。跟我过去一样，他们对教育工作的表白都是发自内心的。但是现在，就像拉蒙·柯丁内斯先生当年一样，我想听到的，不止这些。

仅仅珍惜、热爱孩子，一个人无法弥补自己教学信心和专业水平上的缺失，有足够的教学知识和技能才是王道。教师和学校领导管理人员都需要策略来应对一个班级里千差万别的学生。他们像当年的我一样，带着殷切期望而来；但是在纽约校区里的教师们，尤其是在教育局长所在的区，老师们没有止步于此：他们不仅了解本行知识、具体策略，还有不断拓展自身能力的决心，让我眼前一亮。他们的知识和决心让我不再有忧虑，转而去思考语言习得、大脑理论、成年人学习这些问题。我了解到教师在成长中，必须让自己的希望和乐观态度与教学技巧相匹配，才能带领学生走向成功。在招聘校长和学校管理人员时，我也留心去听他们头脑中是否有这样和谐共存的追求。

经过巴布森学院四年的管理理论学习，我了解到，资本主义体系建

作为一个新手老师,仅靠热情和爱心难以维系。

立在乐观前提之上。资本主义假定行为都是从个人的基本直觉出发,因此增强了市场的资金流动。我认为,领导能力的关键因素,是创造最佳环境,让市场选择易得、易懂、高效。

既然市场在经济体系里运作良好,那么,在城市学校环境的工作过程中,我自然而然地想要知道,怎样才能让市场借助人内心深处的欲望——比如那些我周边的人——通过教育实现更美好的生活?我刚担任教师之时,想当然地认为以消费者身份存在的家长和学校的老师都是可以引导、塑造的,但是在现实中远非如此。领导职务范围里充满一堆从研究归纳得来的条条框框,像是烹饪食谱,只要滴水不漏地去照做就万事大吉。另外,可能最重要的是,在我的教育市场观念中,我认为,能得到高回报的,应该是那些把自己的创业、创新和家长、教师、当地民众的愿望融为一体的人。

然而,数次担任中学校长之后,我痛苦地发现,学校的整体设计其实根本就不鼓励劳有所得、锐意创新、大胆进取。学校的设立就是为了让教育观念、设计和架构均衡一致、停滞不前。创造思维和艺术性能使学生、家长和教师从中得到学习的无穷乐趣,可是我们却不得不面对智力上的雷同压倒创新和艺术。教育机构天然具有控制倾向,而我天然具有艺术和改变倾向;管理城市学校就意味着努力应付这两者之间的冲突。

在纽约市创立"教育局长区"和迈阿密州戴得县乡村公立学校设立"学校改进区"的动机在于重新设计教学模式,允许教师成为学生的搭档、跳出常规思维、改变课堂教学方法。这些改变影响了整整一个区域。"学校改进区"包括39所多年来远近闻名的差校,那里的学生来自于几无权利可言的底层家庭。对这些孩子的教育进行集中改革,不仅仅改善了他们的生存,同时也改变了大众对于教育体系的看法。发生的改变主要在人际关系领域——成人和孩子之间的关系,尤其是教师和学生之间的关系——在这几所富有创新意识的学校形成了一股改变之风,打动了每一个人,使他们凝聚成一个独特的新"区域",不断地思考、努力、设想如何将教育普及到全体青少年。

不幸的是,这些地区的中学普遍欣欣然地认为,维持现在的结构就足够了——到现在这个欣欣然状态也未见改观。观察纽约地区小学校的发展使人乐观,因此教育主管部门(即便在我主掌之时)对此欣欣然,无法充分意识到改革的潜力。

> 改变的对象是关系——成人和孩子之间的关系,教师和学生之间的关系——在这几所富有创新意识的学校形成了一股改变之风,打动了每一个人,使他们凝聚成一个独特的新"区域"。

迈阿密州戴得县实现了一个顺时应势的创举——建立家长学院。这个学校的主旨经过了成熟的论证、具备深厚的基础。毕竟要承认,不论是在学生的学习中,还是任何教学策略的沟通中,家长都占据着核心位置。在该地区交通方便的地方,家长学校开办了一百多节课程,因此家长和其他相关人士能够带着充分的影响力和对情况深入的了解与教师们进行沟通。对这样的成果,反响十分热烈——全部所需款项由社区捐赠提供,超过10万名家长积极参与。家长学校声名远播,被许多其他地区纷纷效仿。

然而,当今的教育管理者面对的最大的挑战,是牺牲了其他素质培养内容和课外活动,单单强调考试成绩。我不是不理解考试的价值,它能评估、衡量相对国家标准而言学生们的学习所得、衡量校方提高教学质量的成果。但是学校改革万万不可忽视另一些教育内容的价值,例如,在这个儿童肥胖问题令人忧心的国家里,体育的价值;以及在创造力、创新力驱动的全球经济中,艺术教育的价值。考试成绩能说明的,只是学生们已经达到了什么程度,并不能说明他们还能继续取得什么成就。为及格而考试,并不能激励他们去期待未来。从学术角度来说,我们无须关注他们在一场考试中的分数如何,而是应该观察他们的写作能力、分析能力、理解不同文化的能力。既然他们将来要拼争的领域是全球经济,我们需要树立的目标其实也简单:学校教育要保证学生在毕业时,为大学教育做好准备，为全球经济给他们提供的职业生涯做好准备。

虽然教学方法一应俱全，但如果没有教育战略的规划，没有关键技能的培养，我们只能无功而返。此外，贫穷社区的父母也无法像其他人一样，获益于教育领域不断涌现的新思路、新理念和新做法。

4

民主社会里学校的作用

莱瑞·库班

我一度认为,公立学校是社会改革的手段。现在我认为,尽管优秀教师和学校能够促使青少年个人在智力、行为和社会方面发生积极的变化,但是要改变社会不公,学校是无能为力的,而且一向如此。

自从1955年执教以来,我始终带着满腔热忱教授历史,帮助青年学生们不仅致力于创造更美好的社会,同时也从偌大的世界里找到自己的立足之处。那时的我笃信约翰·杜威(John Dewey)1897年在《我的教育信条》(Pedagogic Creed)里提出的观点,"教育是社会进步和改革的基本方法"。

直到20世纪60年代初期,在克利夫兰任教期间,我都在努力践行这个乌托邦式的观点。虽然现在回忆起来,我可以不假思索地断言,相信教学和教育的力量改造生活和社会既天真又不切实际,但是我不会这么说。原因是,尽管学校教育在一个民主的、市场驱动的社会里所起到的作用复杂而且涉及各种利益冲突,但正是对它充满热情的理想主义、天真的信仰,使我当时教学工作、结婚成家、起早贪黑攻读历史学硕士学位的辛苦努力获得了丰富的意义和动力。

带着学校能够改造社会的坚定信念,1963年我来到了华盛顿(到达那天，恰逢民权运动大游行），我的任务是培训回国的和平队①志愿者在卡多佐（Cardozo）高中任教。我在华盛顿工作了将近十年。该地区有一个城市，黑人居多，可谓当时社会重度不平等的样板；我既教学，也管理学区和该地区旨在扭转城市学校局面的诸多项目。我在两个学校教历史，同时培训朝气蓬勃的年轻教师到成绩落后的学校工作，组织贫困地段的居民改善社区，创办"替代性学校"②，为区域范围内的教师和学校管理人员进行职业培训。尽管联邦和华盛顿特区的教育主管部门出于善意抨击这些学校里数十年来已属痼疾的懈怠、疏忽，他们还是零零碎碎地接受了这些改革驱动的项目，不过，他们并不擅长将其落实在学校和课堂里。

对于我和许多有相同抱负的同行们在60年代的所作所为，几乎没有什么遗憾可言。许多教师和学生参与了这些改革，他们因此告别了死气沉沉、管理混乱的学校，告别了教学问题层出不穷的课堂，我为他们感到骄傲。但是仍然要说，直到70年代早期，除了几个比较引人注目的例外，我参与的这些城市教育改革只不过如同雪地上的胡涂乱画，不知所终，我们希望消除的社会不公平仍然"坚如磐石"。

自20世纪70年代初开始，教育部门负责人和校董们相继亲临华盛顿特区的公立学校，摩拳擦掌要从根本上改变这个地区落后的教育。针对教育管理方式、课程设置、教学方法、学校机构的一系列改革纷至沓来，"扩大父母选择权"、"特许学校"、市场竞争等这些被奉作城市教育问题万用灵药的措施各领风骚——但是经历了几十年轮番出台的诸多改革，华盛顿校区（现由市长管理）和大多数其他城市地区的学校教育依然是民主社会里教育的痼疾。

---

① 和平队（Peace Corps），是根据1961年3月1日美国政府行政命令成立的一家志愿服务组织，和平队队员需要为其义务服务两年，按照《和平队法案》的规定，其宗旨是："促进世界和平和友谊，为感兴趣的国家和地区，提供有能力且愿意在艰苦环境下在国外服务的美国男性和女性公民，以帮助这些国家和地区的人民获得训练有素的人力资源。"——译者注
② "替代性学校"是针对在普通学校中需求得不到满足的学生而设立的中小学，为学生提供非传统教育，服务对象是在传统教育环境中无法取得成功的学生。替代性教育通过提供创新性的非传统教育方法，防止这些学生辍学。——译者注

离开华盛顿特区后，从事教育管理、大学教学和研究学校改革史的一连串经历让我意识到，公立学校、教育改革和社会三者之间的关系远比我想象的要复杂。我发现美国的学校教育体系按照学校实力和社会经济地位被分为三个类别。

一类学校占总数10%左右，例如纽约、波士顿、圣弗朗西斯科这些地方按分数选拔学生的学校，以及大都位于富有白人社区的学校，例如伊利诺伊州的新特里尔高中（New Trier High School），加州的圣瑞蒙（San Ramon Valley）公立学校，马里兰州的蒙哥马利（Montgomery County）乡村公立学校，都能够达到或者超过国家和州颁布的课程标准。在它们所在的州，这些学校在每个高分地区都名列前茅。从这些学校出去的学生几乎无一例外都会进入大学学习。

二类学校大约占总数的50%，通常是位于郊区的内环，例如弗吉尼亚州亚历山德里亚的T.C.威廉姆斯高中（T. C. Williams High School），这些学校一般能够达到州立教育标准，大多数学生升入大学。但是，这类学校也偶尔也会违反国家和州政府的责任制度，受到申斥，始终不能摆脱二类学校的身份。

第三类学校位于华盛顿、费城、底特律、新奥尔良、圣路易斯、亚特兰大等大城市和大量穷人和少数族裔生活的农村地区。这些地方的学校教学质量低劣，被列入国家和所在州的差校黑名单，不断徘徊在关闭的边缘。如果机缘巧合，意外得到一位才智过人的校长或者管理人员，这所学校可能会上升到第二阶梯，但是以后免不了还是被打回原形。

在这样的三阶梯体系里，学校无从治理经济、社会和政治问题，也无力解决积弊已久的不平等现象。学校不可能成为社会改革的急先锋——从来都不可能。我曾断言，公立学校是（始终都是）维持社会稳定（也维持社会不公）的机构，但是——这个"但是"很重要——好教师和好学校的确能促使许多青少年在智力、行为和社会方面成长，即使在最低级阶梯的学校里。

颇有讽刺意味的是，上自总统奥巴马先生，下到地方学校董事主席和教育主管,仍然在重复约翰·杜威的言辞,他们的所作所为俨然是相信学校能实实在在地改造社会。举例来说,奥巴马总统在 2010 年的国情咨文中提到,"21 世纪消除贫困的最佳项目就是打造世界一流的教育。"[1]

半个世纪以来,执教经历和从未停止的教学研究让我对华而不实的辞藻敬而远之。经历和研究都改变了我对学校具备何种社会功能的看法。不论是什么人,只要他言之凿凿地声称学校在社会改革中的前锋作用,我都持怀疑态度——即使是我敬仰的总统先生也不例外。但是,必须承认,在内心,我仍然相信那些知识渊博、对课堂驾驭娴熟、对学生了如指掌的老师,即便无法改变社会弊端,他们也必将对学生的生命带来重大的改变。

我曾认为学校机构改革将带来更好的课堂教学模式。现在我认为,机构改革至多能成为课堂模式改善的第一步,它无法改变传统的教学方式(情形始终如此)。

从教 15 年过程中,我曾经认为:有些政策能够产生新教学机制,例如采取不分级学校、新的地区和学校管理结构、新科技、小规模高中、两节连上、学业顾问、学习社团等做法,将改变普通教学方式,让学生学习内容更广、学得更快、成绩更好。

半个世纪以来,执教经历和从未停止的教学研究让我对华而不实的辞藻心有余悸。

通过对其他教师教学的观察,反思自己的课堂教学,我后来修订了这一结论,虽然过程十分缓慢。机制的改革对于改变教学方式的作用真的有那么大吗?离开教学岗位,我重新思考了这一问题,开始了我多年对教师教学的研究,包括 20 世纪初密集的渐进性教学改革,以及 21 世纪初类似的、层出不穷的、以标准为基础、问责制推动的改革[2]。

政策制定者的任务仍然是引进新的管理机制。他们一往情深地坚信结构改革可以改变传统课堂教学。另外,班级人数的改变、国家核心标准、压缩高中人数、给学生每人配发笔记本电脑以及其他结构性的改变,这些创举都明明白白地摆在教育赞助人和从业人员眼前。改革举措越引人注目，越证明工作力度之强劲，也意味着发起改革的大人物将来能收获更多选票、稳坐更久官位。

我写这篇文章的时候，在任的决策者们仍在不遗余力地倡议要进行结构上的、清晰可见的改革。他们力主将城市学区的管理权从选举出来的校董事会手里转移到市长手里。联邦的决策者和州的决策者们都在推行新的绩效机制，要按照教师们在提高学生学业水平方面取得的成就来计算工资。当然，他们也大张旗鼓地推行一些新的机制，例如将特许学校、"磁力学校"（magnets）等都纳入家长们择校的范围，另外还提供一些由国家出资的学校选择方案。这些创意十足的决策者们认定，这些新的机制能促使教师在课堂上改变教学方式，从而提高学生的学习水平。

但是，我和其他人的研究可以否定在教学机制和教学方法之间存在必然的联系。与其他人相同，我的结论是，直接促进教师个人和群体在学校和教师层面的教学规范、知识储备、教学技能的进步，而不是去做大而无当的机制上的变更，更有可能提高教师的教学水平。但是，因为多年来与传统决策者的思维相左的研究结果始终被嗤之以鼻，所以难就难在如何让决策者把重心从开发新的机制转移到学校和课堂的常规教学上来。

我一度认为教师对于学生和学校两者的成功起着举足轻重的作用，我现在也仍然这样认为。我从不怀疑教师在学生学习和学校发展中扮演的核心角色。多年教学经历、担任教育主管人员、回到课堂听课、研究课堂教学的经历使我坚定地相信，教师具有影响学生心智的力量，是教师给每个学生的生活带来了改变，而且将持续不断地让改变发生。我对于学校教育有所保留的乐观就建立在这个信任的基础上。

过去几年中，经过学者们的研究和决策者的政策之间的论辩，教师对于学生的学习和生活所产生的影响得到了证实，坚定了我和其他教育者对教师一直以来的信心。实际情况有力地支持了我们的信念。

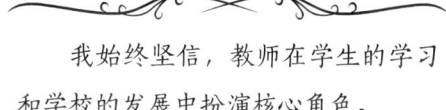

我始终坚信，教师在学生的学习和学校的发展中扮演核心角色。

但是贬低教师工会的言辞在工商界人士中甚嚣尘上，许多决策者对一生从事教学的教师始终态度倨傲，这些都伤害了人们对教育的信心，歪曲了实际情况，也削弱了教师在过去十年中获得的尊敬。

收录在《二十位教育先行者对教育改革的反思》一书中的这三篇反思文章来自于作者们从半个世纪的岗位历练和教育研究中获得的真知灼见，直击美国公立学校教育尤其是城市教育的核心。许多学校拥有教学扎实、知识渊博的教师，尽管这样的学校并非多数，但是他们培养了青少年的公民意识、文化知识，为其高等教育打下基础，使其具备独立决策的能力、缜密思考的习惯。在一个民主社会中，尤其当教育发展不均衡、学校分三等的教育体系延续社会不公时，要发挥学校的社会职能，关键在这些学校。

5

问题在于政策，以及其他痛悟

理查德·F.埃尔莫尔

结束一门课程或者一个职业发展培训班的时候，我经常要求我的学员反思一下这个学习过程使他们的想法产生了多少变化。反思的内容写在一个两栏的报告里，一栏是"我曾认为"，另一栏是"现在认为"。大家都认为，这个做法能够体现出学习过程对他们的思想和思维习惯的作用，体现我们之间的互相影响。

近期，在一个关于学校改革未来前景的研讨会上，我问在形形色色领域里从事学校改革的同事们是否有兴趣进行一个反思，得到的反响是几乎清一色的拒绝。"长期工作可能改变一个人的思想"这种观念，对于这个群体来说，是几乎不能接受的。

所以，我决定借庆祝《哈佛教育通讯》创刊25周年这个机会，身先士卒。在学校改革这个宽广的领域，我已经工作了将近40年。这个阶段，是美国教育史上最波澜起伏的时期。

我的想法产生了哪些变化？

我曾经认为政策是解决问题的出路，现在我认为，政策本身才是问题所在。我在60年代长大，亲历了"新边疆政策"、"伟大社会"纲领、民权运动的波澜，以及在教育领域里联邦政府职能的重构。我的第一份工作是联邦政府机构里的法律事务专员，思想深受公共政策项目的影响，因为我曾在一所公共政策学校任教11年。我曾担任过教育政策研究联合会的主席，该机构由一些大学联合组成，主要研究州级和地方教育政策。

现在，如果有研究生来找我说，"我已经有了好几年的教学经验，现在我可以开始转向政策工作了。"这种情况确实经常发生，我只能尽力克制，不要让反感情绪流露出来。但我特别想说的是：好好读研究生，将来当个好教师，现在立马回你工作的学校去。做政策工作对教育领域的影响，远远没有你当教师对教育的影响来得深远。

为什么我的想法改变了？在跟教师和学校管理人员的合作当中，我对政策体系的蛮横无理深有体会。每一届走马上任的官员和顾问班子，都忘了政治上还有深思熟虑这个词。对于政策制定者来说，学校如何做，其实无可无不可；只要想出的新花样能够让选区的选民们心悦诚服地听命，就可以当作指挥棒来号令学校。新官上任——不管是立法官员还是州长，市长还是校董们——都是这样靠拍脑袋来获得选举的优势，而不是为了让教育者队伍更有力，扎扎实实地去培养人。结果自然是教育体系里政策泛滥、朝令夕改、学校疲于应付。而教育体系如何获得长足的健康发展、教师如何顺利成长，则无人问津。

追根溯源，还是美国政治的多元化使然。我曾经工作过的另外一些工业化民主国家不存在——请容我强调一遍，不存在——这个状况。在我看来，根本原因是美国学校职业文化极其羸弱。教育专家们的远见卓识在政策制定者眼里被视若无物，因为如此的轻慢不必付出任何政治代价。

日后，我不会选择去拯救这个无药可救、功能失调的政治体系，而是会把精力投入到打造更强大的职业队伍中去。举例来说，我将培植听课制度，以期让教师们发展壮大学校的职业文化氛围。我的工作重心正日益聚焦于直接培养从业者，而非用政策来"调理"学校。

我曾经认为人们的信仰会决定他们的行为，现在我认为，人们的行为决定他们的信仰。作为20世纪60年代长大的人，我曾相信观念塑造行为的力量。比如说，像诸多同龄人一样，我曾经认为，成绩落后的学校之所以表现差强人意，是因为教师们没有"相信"孩子们都有学习能力或者——换个比较时髦的说法看这个问题——就是只要教师对孩子学习能力的态度改变了，教师的做法就会改变，从而提高学生的成绩。

可是，必须得说，多年以来的现实证明，这是个误解。人们秉持的信仰——不管是关于种族的还是关于青少年学习的，在决定人们行为的过程中，都无足轻重。最能决定他们未来如何行为的，是他们过去的行为。而且无论眼下有什么新调调比较流行，他们就会从不例外地把自己当前的行为冠以这种思潮的大名。

作为教育者，我们有一个饱受诟病的缺点，就是从不认真观察自己的实践，因此不擅长判断信念和行为之间的关联。我自己的教学实践中就是如此——当教师、当顾问都是如此，因此，我已经不再闭门造车、单枪匹马地进行工作。

有些理念能够改变我们认为学生接受教育的适当方式，这些达观、强大的理念来自于那些不懈努力的人，他们不惧畏途，随时准备应对全新的挑战。有时候，一些人可能认为给学生的任务"太艰难"，其实这反映出的，不是学生的能力如何，而更多在于这些人自身对教学内容和教学法的掌握捉襟见肘。许多情况下，学校改革最大的成功来自于将教师的知识范围和教学法调整到我们所知学生能够接受的最高程度。在这种情况下，教师们原来认为的学生能力的局限，往往随着看到学生的突破而做出调整。

始终伴你左右的观点到底意味着什么，如果未曾亲身实践过，你是无从知道的。原来的观点越是强大，转入实践就会越发别扭、无所适从。我现在不像以前一样在意人们声称自己相信什么，而是更在意观察他们正在如何实践，他们到底多么甘心情愿去做对自己来讲非常不熟悉的事情。

我现在不像以前一样在意人们声称自己相信什么，而是更在意观察他们正在如何实践，他们到底多么甘心情愿去做对自己来讲非常不熟悉的事情。

我曾经认为公共机构代表了社会的集体价值观。现在我认为，它们代

表的，不过是在其中工作的那些人的利益。每当听到教育者们信誓旦旦地说，"一切为了孩子"，我都反感得脸色发白。如果我做得到的话，一定把这种自欺欺人的空话从教师的职业术语集里删掉。公立学校和应运而生的诸多机构是美国不折不扣追求自我利益的机构之一。每个地方学校的董事局都是一个培养野心政治家的平台。主管们并不安心本职，而是为了升迁上下其手。教师工会殚精竭虑地袒护教师的所作所为，却压抑着学生的求知成长。为了让自己的课堂更容易管理，让学校看起来井然有序，教师在授课中故意不带领学生深入探究。这么做的人，都是那些平日张口闭口"一切为了孩子"的人。究其原因，不是这些人道德败坏、行为欺诈，而是他们一切要从自己的利益出发。

我教了20年的政治和公共政策，始终在尽力说服我的学生们，要服务于他们坚信的"公共利益"，首先要做的是，别再认为自己和自己效力的机构自动代表芸芸大众的利益。说得简单点，就是你首先要了解自己的利益，然后再假装去代表别人的利益；同时还要尊重一个事实：他们的利益，跟你的利益不一致。说公共机构里的人代表了他们的服务对象——也就是孩子和家长——的利益，既自欺欺人，又不负责任。要诚实负责地履行自己的职责，就要说清楚自己的利益所在，对服务对象的不同利益持尊重态度，要把他们当成个体来耐心倾听，而不是想当然地自认为什么对他们好。引领社会变革的那些伟人——甘地、马丁·路德·金、纳尔逊·曼德拉，之所以能够应者云集，是因为他们给了人们机会为同一事业发声、行动，而不是因为他们把自己的利益和他们希望帮助的人们的利益混为一谈。

这些反思让我想起威廉·巴特勒·叶芝接近老年时对自己的一个评价。他说，随着一生阅历的增加，自己看人生是带着"冷峻的眼、火热的心"。很大程度上，我仍然是那个寒冷彻骨的华盛顿中部小镇里，看着图像模糊的黑白电视屏幕上的肯尼迪演讲心潮澎湃的16岁少年；从另一个角度来说，我打量世界的眼神，现在比任何时候都更为冷静。

6

从渐进教育到教育多元化

霍华德·加德纳

几乎人人对教育都有自己的一套看法,有的表达清晰,有的含混模糊,有人深思熟虑有人不挂于心。这些个人教育观念来源不一而足,有的来自个人经历(比如说,"我爱死了蒙台梭利教育,应该全球普及"或者是"最恨华德福[Waldorf]学校了,那种学校就应该从世界上绝迹。")有时候,教育观念来自于阅读或者与教育界接触,(比如说,"一读 E. D. 赫奇的著作,《文化素养:每个美国人都需要有的文化知识》[*Cultural Literacy: What Every American Needs to Know*],我就找到了问题症结",或者,"看过夏山学校①,我终于找到了最佳的教育方式。")某些情况下,这些观念会持久延续。但是,由于个人、社会或者历史的发展变动,观念变化是经常发生的。举例来说,不久之前,知名教育史学家黛安·拉维奇(Diane Ravitch)就公开宣布,她要改弦更张,不再支持择

---

① 夏山学校(Summerhill School)位于英国的萨福克郡(Suffolk),是一所另类学校。它以生活公约和自主学习取代威权体制教育中的校规,完全不由成人安排任何课程,一切的教育以学习者为出发点。这所学校始建于 1921 年,创办者是苏格兰人尼尔(A. S. Neill)。夏山学校认为,儿童的学习在不受胁迫的自由状态下才是最好的。夏山的所有课程都是非强制性的,学生可以自己决定在什么时间做什么事情。尼尔认为,"一个孩子应依据自己的意愿生活,而不是按照焦虑的父母和自以为是的教育专家认为的那样"。——译者注

校和大规模标准化考试。

在这里我要提出的观点是，千万不要相信有一种放之四海而皆准的"最佳教育法"，可以适用于所有人，不管他是教师，还是年轻人，音乐学生，或者有学习障碍的人——这种想法是彻头彻尾地误人子弟。事实上，我们越了解人类心灵和智慧应对不同文化、技术、历史事件的潜力，就会发现越多切实可行的教育方式。同样，单一的评价方式也是不可行的。这几十年来，我的体会是：一，永远要对新生的、行之有效的教育方式保持开放头脑；二，远离那些阻挠教育法进行个性化改革的人，远离那些试图推行唯一一种学习成果展示方式的人。

刚开始读书的时候，我对教育方式没多少感想可言。20世纪50年代宾夕法尼亚的斯克兰顿的教育传统守旧、中规中矩——没完没了的练习册、每周不断的拼写考试。而与此形成对比的是，60年代在哈佛的学习却让人振奋、充满快乐。或许最重要的是有幸师从心理学、教育学家杰罗姆·布鲁纳（Jerome Bruner）先生，以及另外几位充满创意的研究者和教师，一起编撰一门名为"人：一个学习过程"（"Man: A Course of Study"）的五年级课程的那段经历。这是我第一次深度接触渐进教育，我迷上了我所读、所闻、所观察到的一切：亲身体验、透彻探讨引人入胜的话题、深信每个问题和答案都举足轻重、解答问题的推理过程意义深刻。我成为渐进式教育忠心耿耿的拥趸，一个美国式的拥趸。

自然而然地，我把自己的孩子送到推行渐进式教育的学校学习。作为家长，我们批评起学校来毫不留情，但是，正如我一个朋友颇有见地——也颇为惆怅地——说，"要是我们也能去那儿上学就好了。"毕竟，20世纪中期宾夕法尼亚州斯克兰顿的公立学校教育不能拿来和20世纪后期、马萨诸塞州剑桥的渐进式教育相比。但是，重要的一点在于，我的四个孩子在这些学校经历完全不同，他们各自所体验到的对于什么是对每个人来说的"最佳教育"提出了很重要的问题，即便这种教育不折不扣是渐进式的。

20世纪80年代早期，我去访问了意大利北部小城雷焦艾米利亚，这里有全球公认最好的小学预科班。基于多年对渐进式教育的关注和研究，我为此行做好了充分准备。这些创立在二战后的市立学校的宗旨是，孩子们天然的好奇心是教育的支柱。任何吸引他们注意力的事物，或者经历的事情，小到一只鞋子，一个传真机，一道彩虹，一个鸟巢，大到一只广场上的石狮子——都可以成为学习内容，他们可以津津有味地研究上几个星期甚至几个月。在这些意趣无穷的探索中，得以开启"众妙之门"——他们的感官、可资利用的媒介、符号体系、艺术、科学、自然世界——接近这些是孩子们与生俱来的权利。通过探索，他们对这些事物起作用的领域有了认知。他们每天学到的东西加上自创的东西都会成为第二天学习活动的起点。学习成果会公开展示，或者"汇编成册"，以便老师、家长和其他孩子能够分享，并以此为基础继续努力。

30年来，我和许多其他教育界人士，包括我的导师杰罗姆·布鲁纳先生，都曾经参观过这个地方的学校，让我们受益匪浅。这种独辟蹊径的教育风格改变了我对于能让孩子学到什么的想法，让我清楚了集体学习与个体学习的不同，了解了日积月累、持之以恒地记录学习经过和效果的作用。这些矢志不渝的教育家发起的教育实验，始自50年前，全球仅此一家，却能够影响到全世界的教育实践。

从雷焦艾米利亚回来之后不久，我就去中国转了几个地方。我发现渐进式教育的思想，不论是意大利式的，还是美国式的，在中国都受到了严峻的挑战。在一些大城市里，几乎无一例外，课堂上是照本宣科，师生自主思考或者行为无从谈起。在一堂入学心理课上，我看到，显然学生们是聪明伶俐的，但是，他们只能在那儿一节又一节地重复学习，这让我大为震惊。我问老师为什么要这样明显地浪费时间，但是我们的沟通几乎毫无效果，最后，她干脆利落地结束我们的对话，说，"我们这么教很久了，知道这么教是对的。"

> 我发现渐进式教育的思想，不论是意大利式的，还是美国式的，在中国都受到了严峻的挑战。

然而，也有一些事情是让我折服的。在一年级的绘画课上，我看着小学生们俯首帖耳一遍又一遍地临摹着一幅作品。我想知道这些 6 岁的小家伙们能不能运用自己尚未谙熟的技巧来描绘一个不熟悉的东西——一部意大利的儿童推车，他们以前不曾见过。虽然我提出的时候老师们纷纷反对，但是我没有让步。使在场所有人吃惊的是，孩子们用娴熟的技艺画出了推车——远远超出了大多数美国儿童的绘画能力。这次经历让我相信，有效的教育可以肇始于技巧的专注培养，而不一定是让想象力天马行空地发展；提早培育起来的技巧也有可能得到发挥，形成有创造性的成果。

但是现在，如果你对我的学术工作稍作了解，你可能会想，"好吧，这个家伙当然要主张多元主义，他研究的是多元智能理论，认为人的头脑是分为不同的智能类型的。"我不否认，的确如此。但是与此同时，我可以实事求是地说，当我致力于多元智能理论开发的时候，我的身份是心理学家，教育不是我考虑的内容。多元智能理论在教育领域的许多应用，不管是在美国还是其他国家，纯属意外（一般来讲让人很开心的意外）。

我对多重教育方式日益加深的坚定信仰主要来自于我对教育政策领域的研究和在其中的探索。教育决策者们所接受的教育和身上的压力促使他们——有时候是不可避免地——去寻找统一的、简单的、全国通用的解决方案。不论是为了什么目的，是低龄学生识字、还是教算术，或者分析判断学生是否具备将来上大学、读研究生，或者当警官的天资，都会产生这种力求统一方案的倾向。即使是那些能够接受多种教学手段的人，也经常同时采纳单一的、最终的成绩评价方式。当然，你可以用任何你喜欢的方式教语言或者数学，但是最终，人们用来评判你的教学方法成败的，只有一种强制推行的方式，比较常见的是由教育测试服务体系研发的考试，最后给出一个数字，让你能够和这个地球上的其他个人、学校、地区或者国家来进行比较。

提倡渐进式教育的专家始终质疑单一的教学和评价模式，赞同渐进式教育的心理学家们也提出了反对"唯一最佳学习方式"的意见。但是目前，这些立场遇到的最强大的阻力就是每个班的教室里有 30、40、甚至

60多名学生。即便是一个学生想要让教学因人而异，或者让老师把授课方式、科技手段多样一些，教师的时间和资源也完全不够。如果是一对一的教学，或者有非常理想的师生比，那么多元智能、多样教学途径是可以实现的，但是，现实世界里，通常情况下，这样的希望是非常渺茫的。

不同形式出现的计算机技术应用有希望永久性改变这种问题。有史以来，师生们第一次有可能以高度个性化的方式展示教学材料、培养技能、提供反馈，以多种渠道发送学习材料，或许最令人惊叹的是，提供一系列方式让学习者展示出他们的理解程度。

如果不承认这个问题的另一个出路，应该说我是失职的——东亚的教育体系是世界上最成功的教育体系之一，这些体系遵循儒家模式，的确是倾向于单一的授课模式和单一评价方法。但是鉴于这些体系所培养的公民受教育程度和工作效率，我不会对其出言不逊。自从亲身目睹了中国教育的成果，我不会再死心塌地地捍卫渐进教育不可撼动的地位。

但是，我们必须了解亚洲教育的缺陷。首先，在这个体系之下，并非每个人都能顺利成长。如果学习后进，跟不上集体的步调，这个学生就会在许多方面受到损失。其次，课堂上明显一刀切的教学效果通常需要家长付出很大财力以家教或者辅导班的形式来进行弥补。第三，这些一刀切的教育方式一直依赖人口的高度同质化，也就是整齐划一的价值观、道德观，还要有倾力以赴的家长们的支持。这样的同质化特征正在地球上迅速消失——即使是在那些人口特征一度比较均匀的地方，例如新加坡、芬兰，或者那个意大利北部小镇雷焦艾米利亚，现在该地的人口已经有四分之一是外来移民了。最后还要说，儒家思想体系下的教育有高度职业化的教师队伍，报酬丰厚，地位颇高。东亚体系代表的教学方法在本地的环境里是高效的，但是或许，我们能从中学到点什么。

然而，面对复杂多样的各个种族，执着一念的教育方式可能会遇到重重阻碍。从我最近的一次亚洲之行来看，如果自上而下的儒家教育遇到学生文化背景复杂的班级，效果就会大打折扣。出于同样的原因，在雷焦艾米利亚能够成功的渐进式教育会让那些希望教学方式比较有权威的家长觉得无所适从。

> 从我的孩子身上我发现，即使是我为之全力以赴的一种教育体系也并不是万应良方。

全球教育系统面对的挑战反映了一个教育目标的重大改变。过去全世界范围内的教育目的都在于选拔，这种思维定式对全球教育体系影响深重——从西欧的中学会考到中国延续千年的科举体制都是如此。但是，在现在的地球上，我们要教育千差万别、精彩纷呈的所有人类，那么千人一律的教学方法就只能是一条歧路。

从我的孩子身上我发现，即使是我为之全力以赴的一种教育体系也并不是万应良方；当然，我们把注意力转向更大的教育系统的时候，至少应该保持世界眼光。渐进式教育——或许因人而异；但是多元化教育——值得欢呼三声！

这篇文章不是政治理论性文章，但是我觉得还是有必要用两个观点来作为总结，在此致谢20世纪英国伟大的思想家以赛亚·柏林（Isaiah Berlin）：柏林借用了古代诗人阿基罗库斯（Archilochus）的说法，提出了两种动物之间的区别：豪猪懂得少，就一件大事；狐狸懂得多，许多小事。不管我有多少豪猪式的愿望，然而很显然在内心我是一只狐狸。由此，我更倾向于个体化教育、多元化教育，而不是不顾一切代价的同质化教育。

柏林还发人深思地提出了消极自由和积极自由的区别。消极自由只不过取消了一些壁垒，而积极自由却能允许创造，让人能够自由地行为。或许，丰富的科技和创新的学习材料展示方式、学习成绩评价方式会允许更多年轻人用最适合他们的方式来接受教育。

7

五年太短

贝弗莉·L.霍尔

我曾经认为,只要心中有紧迫感、有踏实的改革计划表,五年之内,一个大规模城市学区的教育改革就应该走上正轨了。现在我认为,五年的时间才刚刚够打基础而已,还需要12到15年,一以贯之、多管齐下的努力才能充分改变这个城市的教育系统,使其在教育教学、设施环境、收支运营方面起到表率作用。现在我知道,要实现这三方面的目标,有许多问题需要灵活应对,其复杂程度,乐观地说是富有挑战性,悲观地说,简直就是无处下手。要实现整体的变革,五年实在太短。

困难在于,大多数城市教学体系从不会在哪条道路上坚持五年以上,更不要说15年,主要原因是它们的教育管理部门很难维持固定人选多年不变。城市教育局长的任期,平均是大约三年左右——这点时间还不够他了解辖区全局、开展改革措施,更不用说取得一定的成果。如果不是曾经下力气寻求政治领袖和商界人士的支持,我可能也要成为那些令人扼腕的统计数据的一部分。事实上,若不是因为时任佐治亚州州长,罗伊·E.巴恩斯(Roy E. Barnes)先生出面挽留,对我说刚刚上任六个月不能一走了之,后面发生的事情就不是现在的样子了。

让我几乎拂袖而去的，不是提高学生学业水平和教师教学方式有多难，而是一个对自己定位有误的学校董事会。校董事会的职责应该是制定政策，不是日复一日地管理学校运转。所以当务之急是扭转这个趋向，而这需要众人达成一致。初到亚特兰大，我得知在当地有非常敬业、强大的商民领袖联盟，他们迫切想要改革当地的公立学校。作为10年之内上任的第五任教育局长，我知道，要完成自己的使命，就要让任职尽可能平稳，关键在于把工作做得严谨扎实，获得这个联盟的支持。

即使有了民众力量的首肯，要使该地区管理人员也朝正确的方向努力并非易事。商界人士得知教育局长的权限被地区法规掣肘、首席财务官员和总顾问的选择和录用必须由校董事会来决定而教育局长无权干涉之后，运用手中的资源，修改了地区法规。

通过立法途径，将亚特兰大公立学校的管理完全置于教育局长权限之内，并设立制度，限制学校董事会直接干预学校日常管理——这些耗费了我们整整三年。

教育局长频繁换将、校董事会事必躬亲，导致即使教师也质疑该地区对教育的管理能力，质疑学生在旧体制下的学习能力。幼儿园教师应该算是教师职业中最乐观的人群了，但是在一份1999年对该地区的调查问卷中，九位该地区公立幼儿园教师承认，他们不相信他们教的5岁幼儿将来能拿到高中毕业证。如果我还寄望于转变他们的想法，必须采取直接干预措施。

希望在于在全区范围实施一个以研究为基础的综合学校改革模式（comprehensive school reform，简称CSR）。在成绩最差的学校里，我着手进行了一个名为GRAD（Graduation Really Achieves Dreams）的项目。2000—2001学年，一些企业和慈善机构为GRAD项目慷慨解囊。这个项目的内容是提升识字、数学、自律等方面的能力，也包括学生及家庭从事的社会服务内容。其后四年中，其他综合学校改革模式在全区铺开，内容是由学校周围的居民选定的。我意识到，一旦这些改革产生效应，过去成绩低迷的学生在国家级考试中崭露头角，他们的学习进步就会被人拿来讨论。因此，我主动要求参与NAEP（国家教育进展评估）。这是美国的国家级成绩单，将来会成为掷地有声、无可辩驳的证明。自2002—2003年起，与其他参与对比的城市地区学生相比较，亚特兰大的学生在NAEP名单上始终高居进步幅度榜首。

虽然这个改革战略获得实际支持，要实行起来还是困难重重。2000学年开始时，不仅教师岗位缺编500人，而且许多老教师，不管是在课上还是课下，都毫无准备，或者不情愿一板一眼地去实施这些改革。有些人厌烦教育主管人员的频繁更替、层出不穷的改革花样；有些人认为环境对他们来讲已经压力山大，而上司又频频加压，让他们愤愤不平。我们于是改进了教师招聘制度，放手招人，吸引那些优秀人才"入伙"，但同时我们也看到一拨儿一拨儿的人退休离开，教师选择"散伙"去别的大城市工作。改革的头五年，每三个校长中就有两个被更换了。

没有现成可靠的管理人才来执行新战略，我们就创立了自己内部的领导培植计划，对有胆有识的人才加以培养。现在，许多校长就出身于当时的项目执行。

另一始料未及的挑战是建立高层专业管理团队。要说服最佳人选，尤其是纯事务性部门的人选，到一个多年来因为管理糟糕、领导更迭频繁而出名的地区工作，几乎是不可能的。四五年时间过去后，我们才建立起了一支有效的管理团队，而且有些职位在开头的五年中，更换了三四次。

初到亚特兰大来的时候，我很高兴当地纳税人经过公投批准在每份销售税中增加一分钱帮助整修、建设学校校舍。该税项到期之后，市民们两次予以延期，现在几乎所有校舍都是新的，或者正在认真翻新。

我在上任之前根本没想到，跟令人鼓舞的校舍翻新重建形成对比的是，该地区事务管理团队的情况却相当糟糕。我很快发现，如果不改变这里的教学和财务数据系统，五年改革方案就毫无希望。因此我们安装了一个新的财务管理系统加一个新的学生信息系统——我并不推荐大家都照搬这两个系统，但是对于改变当时的情况还是很有意义的。

四五年时间过去了,我们才建立起了一支有效的管理团队,而且有些职位在开头的五年中,更换了三四次。

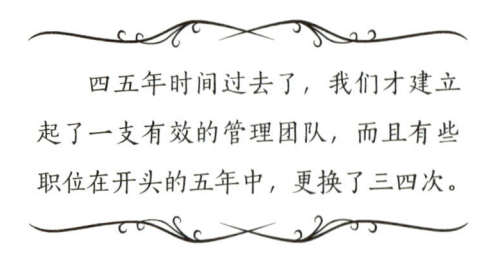

社区民众也帮助我们启动了地区管理和运作的听证会。听证会上,我们获得了许多意见和建议。我最重要的决定之一,就是创建一个策略与发展办公室,以确保听证会上采纳的建议得以实施。虽然我们全力以赴,但是直到2009年,该地区才将所有建议完全落实。同样的,直到2008财政年,我们的财务部门审计才获得了完全通过。这个策略与发展办公室多年来一直是许多事务的助推器。

头五年本来是我认为可以给地区教育带来改观的时间。这五年之间我做到的包括:争取到一个新的政府特许权,有助于将校董事会的功能限制在合理的范围内;开始实施综合学校改革方案,尤其是小学;开始将合理的学校领导人选安排在他们的岗位;雇佣聪明强干的管理层;进行主管人员培训;实施新教学和财务数据系统;改善商业性质的运营和管理;继续进行校舍重建和改造工程。尽管成就显著,但是这些只不过为整个系统的改革打下了基础,距离目标仍然前路漫漫。

在第二个五年期间,我们继续将机构改革推向深入。我开始对高中进行整改,将较大的、成绩不佳的综合高中拆分成较小的高中,或者小型的学习群体。高中改革有自身的难处。我发现,高中教师对于变化是最抵触的。为确保教师队伍将改革政策落到实处,而非重回原来的陈旧体系,我只得雇佣外来的顾问进行监督。改革11年之后,亚特兰大所有公立学校都进行了改制,收获了令人难以置信的成果:学生出勤率、毕业率、升学率的提高,都令人振奋。

高中改革走上正轨之后,我着手进行初中的改革,创办了两所单一性别制学校,发起了一场六年级过渡项目,然后在四所初中开设了数学—科学和英语/语言艺术—社会学科的跨学科教育,现在该教育项目已经推广到15所初中当中的8所。

社区民众领袖很重视把我们的所作所为传播出去并且继续完善,于是给市政府起草报告，详细地描述了改革的来龙去脉，解释了我们是否方向合理以及民众如何参与其中。结论是：我们目标正确；依据我们的进展程度，可以合理地预计，完全取得全系统改革成功还需要大约12年到15年。该报告也同时推荐成立一个独立机构，负责帮助辖区民众参与改革，为其提供必要的财政资助和政策导向，以保证即使教育主管人员有变动，改革也仍然持续平稳进行。2007年，"亚特兰大教育基金会"（Atlanta Education Fund）应运而生，对教育事业始终起着强大的支持作用。

现在我相信，改变了一切的，不是改革议程的细节，而是忠诚持衡的落实；做出成绩不需要坐在教育主管位子上的人保持不变，虽然稳定的领导有利于工作落实。的确，改革需要持之以衡的领导，需要此人锲而不舍地追求目标，而不要重新发明轮子；需要他带领群策群力，而不是把改革之功全都揽到自己名下。

亚特兰大公立学校改革正在不断突破未曾预料的种种问题，目前可以断定的是，改革目标并非遥不可及，但是还远远不到高枕无忧的时候。学校董事选举六个月后，虽有多年来的职业培养、稳定运行、团结一致，还是没能阻止政治内斗的迹象和杂音。此时，本地民众再次介入，以确保以前取得的成果不会付之东流，地区教育局面不会重归混乱。

资料表明，如果一切按部就班，下一个五年内——也就是开始改革的第15年，改革的目标就有可能实现。但是我也相信，可能这场改革的光环无法持续多久。学生们的来源背景对教育形成各种各样的挑战，教育他们

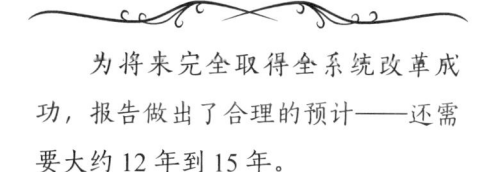

> 为将来完全取得全系统改革成功，报告做出了合理的预计——还需要大约12年到15年。

绝非易事，永远需要与时俱进、持之以恒。我希望，亚特兰大公立学校教育改革模式的成功能够成为该市以及全国教育管理人员的改革助推器。

8

全纳教育反思

托马斯·赫尔

"儿童入学不应该离开所属的学区。"[1]这话我曾说过上百遍,因为这是全纳教育的准则。这么说的道理首先是顺其自然:所属学区的生源是该学区的自然生源,孩子们能够跟兄弟姐妹、朋友们这些与自己有天然联系的人共处;学校也让他们有机会认识更多社区里的朋友;其次,在所属学区上学,家长无须与不熟悉的校长和老师打交道,负担较轻;另外,健康学生与学区内的残障学生一同学习,能够认识到残障是生活自然而然的一部分,为他们将来在生活其他方面与残障人士打交道做好心理准备。综上所述,不管出于常理还是管理角度,让所有学生在自己所属学区上学都是有道理的。

从哲学角度来讲,不排斥残障学生、按照天然比例招生的原则正是在支持残疾人权利运动的宗旨:将残障视作自然合理的现象,残障人士有权与健康人共同生活。《残障者教育法案》(Individuals with Disabilities Education Act,简称IDEA)结语部分的首句就是,"残障是人类社会不可避免的现象,不应当因此而削减残障人士参与社会活动、促进社会进步的权利。提高残障儿童教育水平,是在我国实现残障人士权利均等、平等参与、独立生活和经济自足的关键因素。"[2]

我曾多年从事特殊教育管理，出于管理和哲学的原因，我都赞成这个宗旨。让学生就近上学，不仅大大减轻了家长的交通费用，也形成了学生的均衡分布。这样做，避免了学校或班级学生人数不均，也增加了残障孩子融进普通教育的可能。通过对学习效果的观察发现，残障孩子融进普通教育与学生学业水平提高之间是相辅相成的[3]。

我仍然坚持这个宗旨，因为它有无可辩驳的逻辑。过去让残疾孩子与健康孩子分开上学，已经导致了严重的教育不公。但是，在为这个信条而努力了20多年之后，我开始意识到，如果死板教条地去实行，会有可能在实际上伤害到一些学生，尤其是那些患有发生概率低于百分之一的罕见残疾的孩子，例如盲、聋、重度智障等等。我现在认为，必须设置一个服务输送系统，设置在就近学区，或者不在，让残障儿童在数个方案中选择。提倡就近上学的人想当然地认为，学校最终将形成服务学区内全部孩子的能力、学校会有驻校专家、从事普通教育的教师也将熟练掌握如何为残障学生提供服务。但实际上，实现残障儿童就近上学是个非常艰巨的任务，对于残障孩子来讲，另外一些模式可能更适合。

尽管出于平等和管理的考虑，我仍然支持残障儿童就近上学，但是我认识到，这个观点建立在一些假设的基础之上，而实践已经证明，这些假设是难以实现的，或者对于改进学校服务设想得未免天真。

> 我认识到，这个观点建立在一些假设的基础之上，而实践已经证明，这些假设是难以实现的，或者对于改进学校服务设想得未免天真。

要落实就近上学的政策，学校必须具备为残障情况各不相同的学生服务的能力。就是说，每所学校都要有能力为各种有残障的学生服务：既要服务于常见残障问题的学生，也要服务于有罕见残障问题的学生。大约90%残障学生可以归为以下五大类：学习障碍、轻度认知障碍、言语和语言障碍、轻度到重度行为障碍，以及其他健康受损情况，例如注意缺陷障碍伴多动。这些学生总人数大约占儿童总数的10%（参见提交国会的IDEA执行情况年度报告）。鉴于这些残障

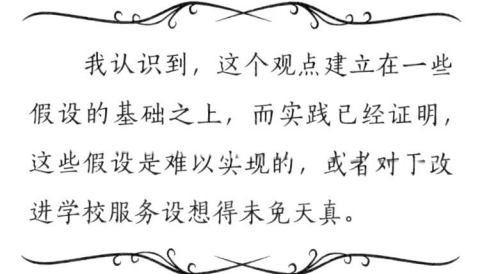

情况的发生概率，以及通常来说，这些儿童的需求与正常儿童需求相差不大，要求大多数学校具备为他们服务的能力是合理的。大多数校区有理由要求所辖的学校做到这一点，现实中，它们也确实在提出更多的期待。

对于需求比较特殊的学生，是不是要求每个学校都具备为他们服务的充分能力，需要我们三思而行。诚然，学生就近在所属校区上学好处是明显的，但是，学校满足学生复杂要求的能力各不相同。如果说"不让一个孩子掉队"法案给了我们什么启发的话，那就是许多学校现在要费九牛二虎之力才能完成国家标准课程要求。很明显，要求这样的学校具备为残障学生服务的能力，是非常困难的。

这并不是说，学校不具备为低概率残障学生服务的能力，许多学校能做到这一点，实际上农村地区的很多学校就始终在为校区内残障学生服务，因为地广校稀，他们别无选择。在城市地区，也有许多管理有效的全纳学校，有能力为需求复杂的残障学生提供服务[4]。然而，要知道，这些学校通常实力雄厚，有强大的领导班子、经验丰富的教师队伍。虽然他们能够代表比较理想的情况，但是，他们的经验和能力是否能在更广泛的范围内复制，都还很难预见[5]。

在学生需求复杂的情况下，让所有学校都能具备为其服务的能力是不切实际的；那么需要讨论的第二个假设就是，让有特殊残障的学生聚集起来学习，是否总是不合理的？除了为残障学生提供高质量教育的目标能否在所属校区实现之外，还有另一个问题就是，从教育和社会两个方面来说，是否对于每个有复杂残障或者低概率残障的学生，这个安排都是可行的。

从教学角度来讲，提议每个孩子都在自己所属校区上学，就意味着每个有低概率残障的孩子都是自己年龄段里唯一一个有这种残障的。这体现了让孩子融入群体的理念不假，但是，已经有许多残障作家在他们的作品中提出，残障孩子非常需要与有类似疾病的孩子进行交往。残疾人权利运动的领导者之一、残疾儿童融合教育的倡导者，朱迪·休曼（Judy Heumann）在一本书里深情回忆了自己与身体残疾的孩子共同参加夏令营活动的经历[6]。盲作家艾德丽安·阿施（Adrienne Asch），20 世纪 50 年代曾在自己新泽西家的校区与明眼孩子一同上学，后来她在作品中写道，与其他盲童在一起学习成长是很重要的。

休曼和阿施都不是要与就近上学唱反调，相反，她们都是融合教育的坚定支持者。但是从她们的著作中，我们可以真真切切地感受到，身患残障的儿童与有类似残障的儿童交往能够让他们找到认同感、形成凝聚力，因此具有重要的意义。

> 休曼和阿施认为，身患残障的儿童与有类似残障的儿童交往能够让他们找到认同感、形成凝聚力，因此具有重要的意义。

从教育角度来讲，这些孩子的需求复杂且多样。几十年来，围绕特殊教育的论辩不少，其中一个就是特殊教育是否可以专业化[7]。现在，随着对残障儿童教育需求满足的日益全面，我们已经形成了高度专业化的手段，足以让这个讨论风平浪静。已经可以通过技术手段让聋哑儿童通过计算机辅助发声讲话，有行为途径让自闭症儿童在特设环境里听从指示、参与活动。有经验的教育者可以帮助第一语言为美式手语的聋儿学会用高层次的标准英语写作。这些只不过是过去三十年特殊介入和支持残障儿童教育的一部分例子。这些例子代表了重大的进步，将极大地提高成千上万儿童受教育的机会。

有些人会主张从事常规教育的教师应当接受培训，学习如何运用这些技术。如果教师经常接触某种残疾，例如读写困难，那么教师接受培训对于残障儿童来讲确实是有意义的。每个教师都需要知道如何为残障儿童提供便利、如何以通用方法满足班级里这些学生的需求。但是，一旦遇到那些患有低概率残障、需求更加复杂的学生，这个逻辑就不成立了。如果有的老师班里多年都没有一个聋哑儿童，培训所有老师如何教育一个聋哑孩子是没有道理的。

要实行残障儿童就近上学的宗旨，这些问题是不言而喻的，我们必须积极支持为低概率残障儿童建成更多特殊教育学校，尤其是在人口基数比较大、有必要建立此类学校的地区。这类学校已有先例。其一是波士顿的亨德森学校，1989年建立时就是一所全纳学校，校长是活力四射的比尔·亨德森（Bill Henderson）先生，他本身也是位盲人（学校起初名为欧何恩［O'Hearn］学校，后来在亨德森先生退休时，为纪念他的贡献，学校改为现名）。亨德森先生开始改革时的设想是，招收的孩子中，20%有严重残障，其中大多数有智力问题。由于学生的严重残障需要大量人力物力，该校创立了每个班级两名教师授课管理的教学模式，获得了预算的支持。多年来，这所学校形成了不可小觑的特殊教育组织能力。不管是特殊教育教师还是普通教育教师，都要通过不断创新来满足学生的需求，深刻理解如何在全纳环境中教育孩子们[8]。

另一所波士顿学校，玛丽·里昂学校（the Mary Lyons），是为有严重情绪障碍的孩子们设立的。这些孩子被公认为难以调教，在所有的残障类型中，也是最难体会学习成果的[9]。但是，在里昂学校，在普通的环境里，这些学生的学习成绩相当不错[10]。

亨德森学校和里昂学校与其他（接受残障学生就近入学的）学校相比，不同之处在于安置了大量患有类似残障问题的学生。另外，学校领导由于残障学生众多而获得了相当的资源，能够在普通教育中形成特殊教育能力。一般来说，一个两个残障学生不可能引来这么多资源。这些学校与许多城市（也包括波士顿）典型的分隔式残障儿童集中教育不同的是，这些学校创立之初的宗旨就是在全纳环境中满足特殊儿童的复杂需求。

这些学校因此与传统学校在设计、课堂授课和风格氛围等方面都存在本质区别[11]。因为有大量身患严重残障的学生在这里学习，由于学校实现全纳教育的心愿，为所有学生提供了更好的教育质量。这些学校让学生毫不例外地都取得了良好的成绩，在波士顿地区名列前茅。由此看来，为满足需求特殊的孩子设立的学校，其实受益的是所有学生。

所以，现在我不会武断地一言以蔽之，声称"儿童入学，应该去他正常情况下该去的学校。"我的视野已经包含多种不同的服务系统。我更愿意说，残障儿童应当被自己所属的校区接纳，或者应当被旨在满足复杂的、低概率残障儿童需求的、高度专业化的全纳教育所接纳。这种有了细微差别的观念转变也许不会成为轰动一时的新闻内容，但它来自于实践、研究，来自为儿童们的切身利益考虑。

9

想法比现象更犀利

杰弗里·R.海内各

让我着手研究并讨论教育的，不是学校和教室里的话题，而是关于教育的理论和意识形态冲突。我的专业是政治科学，不是教育，对我来说，意义攸关的话题应该是选择公有还是私有，改革应该以政府主导还是市场为基础。在着手分析学券①、特许学校、择校政策等等话题之前，我多年的关注范围是私有化政策。

工具论认为，如果你给一个小孩一把锤子，他见到什么都会觉得像个钉子。从研究生院毕业以后，学术训练让我随时警觉、随时发现那些夸夸其谈、自以为是的话语背后潜伏的政治矛盾和阶级冲突。听到教育者们谈论课程、教学法、认知发展、专业素养，我就会怀疑这是不是他们玩的花招，目的在于骗取为所欲为的权力，逃避家长、官员、民众的监督和控制。

---

① 由于美国公立学校的教育质量逐年下降，美国政府遂将竞争机制引入公立教育领域，改变过去适龄儿童必须在政府指定的公立学校上学的做法，提出择校的概念，即将学校的选择权交给儿童家长，通过政府补贴学费的方式，由家长自己决定孩子所上的学校。现在择校的一个重要途径就是"学券制"。所谓学券制，就是政府将补贴的学费以学券的形式发给家长，家长可以用学券来支付所选学校的学费，或是支付学生所选修的课程或参加的教育项目等。——译者注

我仍然很重视，也经常要借助于政治学给我的概念工具，但是经过这么多年，我也意识到了，比起真实现象来，想法更犀利；了解事情发展的规律很重要，同样重要的是承认有些人自负博学，其实不过嘴尖皮厚，另有所图；能让世界与日俱增发生变化的工具，并不全是利益集团为之争执不休的那些，也不全都掌握在政策制定者的手里。

我曾认为市场和政府代表了截然不同的领域，教育政策要在两者之间做选择。现在我认为，市场和政府二者相互交织、密不可分。除了与私人力量结为联盟，政府别无选择。自然，政府要有所作为，必须从民众中征税，但这个联盟并非如此简单。对学校来说，就算它们由政府出资、政府管理、政府提供人员，还是需要得到私人出版商、考试公司、建筑承包商提供的服务。即使在教师工会强大的地区，私人劳动力市场与长期报考教师的来源和素质也还有很大的关系。

市场也同样依赖政府，不仅仅因为有目共睹的原因——他们需要法律、法庭、警察来提供安全有序的环境，保证合同和交易的执行。除了小规模、非正式的以物易物贸易之外，市场也是通过政治手段运作的，政府作为调控者和主要客户，在许多方面，例如决定商品和货物需求、供应商内线人选、是否通过立法途径加强对某种关键商品的需求量或者增加对关键产品的"天然"需求等都起着关键的作用（例如通过提供税务抵免或者发放学券）。课本出版商和教学辅助服务供应商可能是私人企业主，但是决定他们是否能生存的，不是如何挨门逐户地销售产品，而是如何用最好的形象和策略赢得政府青睐。

承认公众和私人之间交错复杂的相互关系有助于平息一些激烈的争辩。州、城市和校区应当进行追求实效的私有化——周密审慎地建立、塑造、利用市场以支持民众群体议定的目标——而无须担心一发不可收拾地导向全面的私有化，进而导致核心机构、价值观、公共领域的功能等受到不可逆的伤害。

> 承认公众和私人之间交错复杂的相互关系有助于平息一些激烈的争辩。

注重实效的私有化能让政府官员更加灵活、丰富、创新，进而解决一些现存的官僚体系无力也无法应对的问题。风险是存在的：例如，如果学校对某些私人供应商过于依赖，就会失去主动权，处处受其牵制，无法控制局面，无法坚持捍卫公共价值观。因此，承认公私之间关系的复杂性，不是说我们可以忘记有些形式的私有化可能发展到公共权力无法控制的地步，而是我们不应该急于妖魔化私人供应商，而是应当想方设法让它们转而在公共项目中服务于民众。

我曾纠结于"特许学校是否优于传统公立学校"，认为这个问题至关重要；现在我明白了，特许学校各校之间的区别，或者传统学校各校之间的区别远远大于这两类学校之间的区别。特许学校作为一个新生事物刚出现的时候，左派和右派的核心组织都认为：将两种学校打造成截然不同的类别，然后互相竞争以决定美国教育的未来，是颇有政治头脑的好主意。主张市场力量的保守派人士发现，特许学校对消费者比较友好；这些学校不会激发私立学校使用学券所遇到的抵制；传统的民主党人认为，特许学校不过是学券的幌子；他们仍然可以借助美国人对公立学校的保护机制来支持公立学校，趁特许学校这个新生命还在摇篮里把它扼杀掉。

然而多少人都没有意识到的是，特许学校是无数努力的结晶——包括教育体系内、体系外的努力——为了分散公共领域决策的过于集中，释放由于官僚体制造成的对教育整齐划一的枷锁，特许学校其实本可以当作政府的再创造来推广——克林顿、戈尔政府班子认识到了这一点，但是却未能为其调动足够多的支持。

特许学校形成之初，我着手对其进行研究之后很快发现，从观念角度来讲，为特许学校立下汗马功劳的那些人，与其说是传续了弥尔顿·弗莱德曼（Milton Friedman）的衣钵，还不如说是自由战争中"社区行动代理处"的政治继承人。

对特许学校的研究还在进行中，各种论调此起彼伏，让人眼花缭乱。有人主张特殊学校优势独具，紧接着就会有人针锋相对。但以下两点是毋庸置疑的：首先，特许学校不是万灵特效药，如果缺少有力、有效的管辖和监督，特许学校可能跟糟糕的传统公立学校一样，教学无方，很难走上正轨。传统的公立学校，哪怕是在芝加哥、纽约等大规模城市的学校，也并非被官僚和保守的教师工会所钳制，所以它们也并不是没能力发起根本性的变革。

我曾经认为，匡正错误的政策，比弄明白做什么才对重要；弄明白做什么才对，比搞清楚如何做重要。现在我认为，如果好的政策没落实主要的实施路径，也会被白白浪费；三心二意、信心不足、手段生涩，也会挫折连连。在我们这个两党制体系内，决定公共事务当务之急的，是政策；如果一个集团没有力量或者不了解如何提出和保护自己的利益，就会发现他们的问题、他们向往的政策都会被打入冷宫。有些人的利益自始至终被忽视。我曾经认为，只要代表他们利益的集团能够有力地行动起来，想尽办法与地方执政力量联手，就能让行之有效的政策得以实施。

当然，有时候，他们为之殚精竭虑的事业失于规划不周；但是只要政府一心为公，就应当能察觉问题所在，吸取教训；只要双方还在齐心协力，政策和努力就都会日积月累、取得进步。然而，美国教育政策如同一个纷

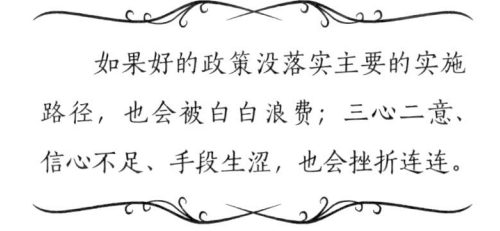

> 如果好的政策没落实主要的实施路径，也会被白白浪费；三心二意、信心不足、手段生涩，也会挫折连连。

乱嘈杂的大厅，在其中坚持政策上的联手是极其困难的。各集团都在追求不同的利益目标，结盟无不依赖于某些前提；如果一次结盟没有产生预期的效果，成员就没有耐心继续下去。即使是出于善意的错误，经舆论数番评点之后就被戴上了瞎折腾的帽子。除非在尝试过程中步步顺风顺水，否则那些敢于第一个吃螃蟹的教育局长、市长、州长、立法界人士和决策者们会发现，身后的支持土崩瓦解，尽数转向别的理念。因此，重要的是，改革联盟是否支持了该支持的政策，他们是否花费时间和精力来保证教师、学校、教育体系都具备知识和能力，可以将政策付诸实施，重要的是提出能够让参与者保持热忱的教育计划。同样重要的是，制定周密连贯的政策方案。

但是这些也只能让我们取得眼前的效果。改革需要实现的，远不止产生影响力、改变争论的措辞、催生扎实有效的政策。改革还需要与政府管理部门这个庞然大物斗智斗勇、调遣合适的人选、运用正确的工具和技巧，有时还需要完成那些乏味无聊的工作——动员、协调、学习、适应，目的只有一个，就是让良好的愿望和睿智的理念不要付之东流。

10

你所说的"专家",我认为也不过如此

弗雷德里克·M.海斯

我曾经认为,专家才是真正懂得这个世界的人。现在我认为,他们对于某些细枝末节了解颇深,可是一旦要解决复杂棘手的问题、要改变世界的不美好,那点坐井观天的知识有多少价值,还真难说。更重要的是,我现在认为,专家们因为专业特长而沾沾自喜,因此通常会高估了自己实际知道多少、高估了自己惠及大众的能力。

请不要误解。大多数"专家"给我的印象是夸夸其谈、自以为是、做作矫情、见利忘义、偏激固执,但是因为他们有独特眼光和专业知识,过去我习惯在某种程度上信任他们。现在可以说,没那么信任了。尽管这个变化不明显,但这些对我如何考虑教学、教育、政策等问题都产生了深刻的影响。不过,在我讨论这个问题之前,请允许我翻翻过去的经历,解释一下我是如何形成这种观点的。

曾有很长一段时间,我对"专长"这个名词无比钦佩。还记得14岁的时候,爸爸答应我,如果我把旧自行车让给弟弟,到我16岁,他就把那辆饱经风霜的黄色本田思域给我开。不得不说的是那辆思域已经不能动弹了;我爸(一位自学成才的机修师)跟我得先把车修好。

貌似还挺划算。周六我们去找到了车库里的本田车,前盖儿"砰"一声被打开，呈现在我们眼前的，是完全乱成一团、无法直视的各种管子、零件和线路。我清楚记得当时心里的那种感受毫不夸张地说，从我骨髓里冒出来一阵绝望的寒意。我彻底明白了，再花一个月时间研究这台机器我也不可能对它有任何的了解。

别天真，让人心花怒放、感动不已的治愈系故事在这儿不会上演了。我扔掉毛巾，落荒而逃，到 16 岁时，花 900 美元买了一部老旧的普利茅斯"德斯特"。其实现在回忆起来，产于 20 世纪 70 年代的那辆本田思域的发动机也不是完全"不可救药"；我有些朋友就喜欢鼓捣车，他们觉得搞定一个发动机跟猜个轻松有趣的谜语差不多。

这个经历似乎在告诉我，在那些紧要关头，我是多么悲哀地束手无策。一生中大部分的时间——童年、少年、大学、当教师、上研究生院，直到后来成为弗吉尼亚大学的终身教授——我时刻都觉得，对多少人都易如反掌的那些东西，换作我就死活搞不懂。

我记得在上高中和大学的时候，但凡读到关于新科技公司的书、研究内容或者军控谈判，我总是很困惑：做这类事情的人，怎么就这么聪明透顶呢？

读书评的时候，我总是感慨：他们怎么知道得这么多？我读起来感到沉闷乏味的一本书，他们为什么就能找到这些细致入微的感觉？听足球教练谈论进攻计划细节，听见他们满口的术语，我一定会不知所措头晕目眩。

我遇到过的一些大学同学，只要说到未来，全都信心满满，聊起医疗职业、法律职业头头是道，把自己的求职创业规划得一清二楚。我还记得站在哈佛大学校园里，等着参加政治学 GRE 考试那天，听到周围的学生在大侃复杂的政治术语、人脉、毕业计划，我彻底被震住了。他们怎么都懂这么多呢？

这一路走来，我开始怀疑我到底能不能找到个工作。我问自己："哎呀，我懂得这么少，成功的人都懂得这么多；我怎么才能说服人家给我个机会？"

但是，慢慢的，我开始明白，这些家伙所知道的，并没有他们吹嘘的那么多。那次政治学 GRE 考试我的分数不低，说明我跟那些令人望而生畏的家伙也没有多少差距。被哈佛大学政府研究的博士项目录取之后，我又得到了国家科学基金会（NSF）的资助——在我自己的那个小领域之内。我有点蒙，因为我知道自己肚子里其实有多少墨水。

听过一些讲座，也读过一些政策建议，其幼稚单纯、异想天开的程度令人咋舌。我曾问一些名头不小的做报告的专家，他们的观点要如何在现实中运用，或者实行的话会有哪些始料未及的结果出现；每次，他们都会换个方式把要点重复一遍，句句都避开问题症结，让人不以为然。拿到教育硕士学位、从事教学工作之后，我逐渐发现，所谓"专长"，大多离不了自吹自擂、可疑的头衔，或者匪夷所思的自信。

我拿到学位、在一所名校受聘当教授、出书、写文章、受到报纸和圈里权威的关注之后，看似也是"专家"中的一员了。我还是坚决相信自己没本事修好一辆车，更不用说修理这个

> 慢慢的，我开始明白，这些家伙所知道的，并没有他们吹嘘的那么多。

地球。我明白我不能混充一个无懈可击的聪明人。因此，我想我最近的成功只能用下面两个原因来解释：第一个，也是我长期以来最满意的解释，就是虽然不懂装懂迟早还是要现原形的，但是我很幸运，装腔作势、滥竽充数一直没被发现；第二个解释就是我跟许多其他专家一样，都在（或者应该）纠结着不想承认，自己其实没有多少办法改变世界。

随着时间流逝，我越来越相信，正确答案是第二个。声明一下，意识到这一点时我的血都凝固了。首先，我很吃惊地发现，太多我认识的功成名就的人，一旦在私人场合聊得推心置腹了，或者几杯酒上了头，对自己是不是江湖郎中，都会笑着实话实说。

其次，许多德高望重的专家拒绝改换思考或观察方式，让我很是震惊。我也慢慢相信，造就了许多所谓专家的，与其说是他们的真才实学，还不如说是他们的目空一切、普通人对权威的顺从习惯、人们对他们知识的渴望，还有层级分明的机构规矩。

尤其我觉得非常有趣的是，有些人在某方面比较成功之后（比如当上总裁、局长、主任或者政客，诸如此类），就会觉得有了身份资格，可以不分场合扮演起专家的角色，而在那种场合上，他们真的有可能不知道自己在说些什么。

我慢慢认识到，这个现象不是仅存于教育或者学术圈子里。实事求是地说，在我们可以衡量专家所作所为的领域里，大部分情况下，他们的表现算不上无懈可击：咨询公司帮客户提升业绩的结果时好时坏；大多数专业股票操盘手挑选股票还不如简单的指数做得好；专业星探预测美国国家足球联盟、职业篮球赛或者职业棒球联盟的未来之星，众所周知靠谱的时候不多；娱乐出版业的经理人预言某某电影、著作或者电视剧能大卖，说对的次数寥若晨星。

当然这样的专家还包括曾任全国房地产经纪人协会首席经济学家的大卫·莱瑞尔（David Lereah）。2005年，莱瑞尔先生出版了一本书，名为《你怀念房地产景气的时候吗？房价和其他不动产投资为何在本年代末陡降——且如何从中获益》(*Are You Missing the Real Estate Boom？ Why Home Values and Other Real Estate Investments Will Climb Through the End of the Decade—and How to Profit from Them*)，他还对《华盛顿邮报》说，那年"任何关于房地产市场崩盘的说法都是荒唐的"。

此外，请大家记住，我还真不是第一个被专家的可疑之处震撼到的人。两千年前，雅典剧作家亚里斯托芬就关于这个话题写过非常搞笑的剧本，英国作家乔纳森·斯威夫特的作品《格列佛游记》，也对那些专心从黄瓜里提炼阳光的拉格多学究好一通讽刺。

曾经说过些比较聪明的话，就会得到丰盛的回报，终其一生都坚持不辍，而且说得越来越精巧；有点想法就会被名牌大学聘请，大会小会做主旨发言，名利双收；有点关于咨询的想法就会成为地区、基金会、承包商们之间的红人。然后结果就是，这些人把已经炮制好的观点一而再再而三地重复上演。

这个世界里，随处可见能人各领风骚。一个有头脑的人，只要不离开自己的擅长领域，可能就是这里的大腕、名流，举例来说，某药理学专家可以坐在会议大厅，面对众多激动欢呼的听众侃侃而谈；但只要他走在校园里或者宾馆里面，立刻就成了无人在意的路人甲。

一个学校暴力问题或者科学教学研究方面的专家，有可能被领域内推戴为传奇人物；但是在这个领域外，他就失去了光环和众人的仰慕。普通人要解决超乎自己专长的棘手问题、复杂状况的时候，总是心生畏惧，这时饱受推崇的专家们就会闪亮登场；但是，他们为教育政策或者教育实践提出的解决方案，从政治动态、结构现实、机构压力、诱因动机、现实束缚等方面来说无不幼稚天真。为什么？因为这些专家们大多没有花时间思考自己擅长的领域跟不擅长的领域如何能产生交集。

与此同时，在个人擅长的领域内，一个人会极其不注重如何分辨、衡量与自己针锋相对的观点的价值以及如何把专长转化到更大范围内。学有所长虽让一个人知识深厚，但极易导致他观点死板，自以为是（并期待自己的偏见和假设能够得到众人顺服）。例外总是有的，但是大多数学者之所以成为专家，占据领域制高点，靠的是让人敬畏的高论；然后，不遗余力地把理论的边界扩大，汇聚众多的支持者——不经意间，或者是非常用心地，遏制了不同意见。实际上，专家特长的本质就是窒息异见，而将当时的正统观点立为标杆权威。

此外，既然有声望的名人通常都发现他们面对的观众是友好的，大家都觉得当众挑战他们的假设和论据不太礼貌，专家们陷进一个舒服的泡泡里是极其容易的事，周围只剩下想法雷同的人、满脸仰慕的追随者，他们的话就成了真理，除了偶尔与意见不同的人有点交集，他们几乎从不经历任何观念的冲击。

最后，我们对于专长的评价标准，几乎无可避免的，是注重关系的（例如，我的同事说某某很厉害）或者程序化的（例如，某某多年来是X的执行董事，他发起了Y项目，撰写相关论著11篇）。为什么要这样评价？因为与我们在相同领域、做相同工作的人成千上万，要独立评判这些人，我们对世界理解的程度受到能力的限制，更不用说要评判那些间接参与这些领域和工作的人。只有傲慢的、自欺欺人的人才会自认为对上百个朋友、熟人、陌生人的能力和技术有绝对透彻的了解。因此，我们会求助于那些自己道行都还不深的人，这会导致我们把决断的权力交给了这样或者那样的伪专家。

> 实际上，专家特长的本质就是窒息异见，而将当时的正统观点立为标杆权威。

因为大众通常疑虑重重，所以这种确认专家的方式既自然又正常。但是，毋庸置疑，人们容易犯一种错误，就是在决定哪位可以堪称专家的时候，授予他过度的影响力。已经说不出来是有多少次，当我跟某些教育官员交谈的时候，这些已经被奉为权威的专家让我百思不得其解，他到底是怎么胜出其他人而获得这个地位的？他跟别人的不同，很多情况下只不过是跟某个大人物有点私人关系，或者曾在几个大地方供职，或者率先实行了某个改革——这些因素的叠加有点怪异，但是确实起作用了，让这个人获得了在许多问题上的专家身份。

那么说这些有意义吗？当我们讨论学习或者学校教育的时候，会产生现实的指导性吗？我想是的。比如说，在教育中，尽管教育研究已经进行了几十年，专家们还是没找到系统的方法来判断哪些老师称得上优秀，以及如何才能设计教学实践来产生可以预测的大规模成绩进步。根据这个情况，可以得出四方面的判断：

一、可不可以从经验出发，笼统大概地断定哪些学区、哪些教育局长或者哪些读书项目是最优秀的？我认为，应该三思而后行。还没有比较合理的方案，制定标准，既公开透明又稳定重复地评价优劣，就应该在做这些事情时，用心改进；提名过程总是众说纷纭，参与者提出的人选，大都是辗转道听途说来的。

二、对于言之凿凿的建议，尤其是自信能够轻易跨越领域隔阂的专家们在假设基础上给出的建议，不要盲从相信；专家的"专"，也就是"窄"，他们的意见可能制约一个人以开阔的思路思考世界，因此带来观点的扭曲；如果一个专家开始酝酿革新政策、机构或者人类行为了，差不多他的观点也要步入歧途了；不管怎么说，他的建议反映的只是他知道什么，而不能反映要在现实世界中为解决更复杂的问题，需要做什么；举例来说，关于绩效工资、学生择校、差异化教学或者缩减班级规模这些问题发表的那些宏论，都没有考虑自身对用工合同、教育政策、现有激励机制、内含规则等等的实际影响，因此这些宏论产生的结果，很有可能与专家们所吹嘘的相去甚远。

三、虽然如此，只要我们都能理解专家们的能力范围，他们如何完成具体、特殊的任务，专家特长就会有相当重要的用武之地。如果谈到如何修路架桥、计算一下多少人下月将去赌城拉斯维加斯、设计一个评估方案、建成一所新学校或者做一个复杂的统计学分析，我总是无比热切地想要成为一个专家。但如果问题更大、更棘手，更需要判断和价值观念，我就不会这样想。

然后，还需要承认，不应该认为单个的专家就可以精明过人、独当一面，只有让专家们组成团队，才能正确地发现问题、找到动力、给出解决的方案；只有让专家们形成合力，他们之间相左的观点才能在交锋中形成真正明智的政策。关键是，不要让任何一个专家独揽大权，而应该允许意见不一的专家们百家争鸣、各显其能，最后做出理性全面的决定。

最后提一点，无论如何，我并非不分青红皂白地排斥教育专家的意见，而是应该带着对待理财专家或者售房顾问一样的质疑态度去对待那些久负盛名的教育高管们。他们的确是行家里手，但这并不等于所有人都要盲目地信赖他们，甚至是言听计从。至少在我的书里是这样的。

11

寄希望于探索

黛博拉·朱厄尔-谢尔曼

自记事起，我就想当一个老师改变世界，因为从小我就知道，教育可以改变生活。成长阶段，我经常扮演老师的角色，在学校里义务上课；拿到本科学位时，我真的以为，我已经对教学和读书了解透彻了。

但是，过去三十多年的经历让我懂得，学到的越多，质疑也就越多；在行业里浸淫的越久，对很多事情就越觉得没把握。

就像2009年的大片《弱点》(The Blind Side)里的人物一样，我的想法经常会被颠覆，发现曾经笃信的事情必须改弦更张。将丰富的知识、决心、勇气和不间断的分析、质疑、反复思索结合起来，我得以成长：从自以为是，到乐于进行研究和试验，这使我重新思考曾经深信不疑的东西，尤其是关于如何教育年轻人。在两个领域里，我的观点发生了实质性的变化，这两个领域关系到两个概念：先天智力和特许学校的价值。

作为五六十年代长大的孩子，为了被分到某个心仪的学校或者加入某些人群，我参加过无数次智力测验。那时的学生因为这些成绩或者其他评价结果被贴上"聪明"、"一般"或者"学习吃力"的标签，分进不同班级，接受同质化的教育。那个年代的学生大多数能够明白这些标签将产生的结果。

一旦被定性为低能、没指望的学生，某个孩子以后想要进入一个聪明、成绩高的学生群体，除非神迹出现。虽然我当时是个孩子，也能感觉到，有些特别好的朋友得不到我能得到的机会，岂有此理。很明显，在我们这个没多大的小社会里，我能做到的，他们也都能做到——如果涉及体育方面，他们做的还要更出色些——所以，我默默地问自己，这个双重标准如此不公是为什么。可是，我的本科学习和教学实习却加重了我对于先天智力的误解。我是带着这样的思维定式开始教学工作的。我曾经以为，智力就像是天赐，全凭运气决定多少。我教过青少年，也教过成人，总是劝告我的学生要努力寻求突破。但是，这个劝告总不会超出我认定的他们先天能力的界限。现在我想起来就很懊悔，我曾经在教学会议上跟心理学家、社会工作者、管理人员交谈，试图确定学生是否能够符合标准，可以去进行某个"需要天分"的学习项目或者个性化教育计划。我们根据收集的数据（主要是每个学生的智商高低）振振有词地讨论每个人能在学习上取得多少进步。

现在我知道，没有任何一种能力指标可以真实地体现一个孩子或者一些孩子有能力学到、做到什么。虽然我的教学和学习经历都让我坚定了决心，不再服从先天智力这种概念的限制，但后来是两位教育学家的研究成果，给我提供了令人信服的论据，帮我摒弃了关于学生先天能力和智力的错误概念。

霍华德·加德纳在他开创性的著作《智能的结构：多元智能理论》(*Frames of Mind: The Theory of Multiple Intelligences*)中，推翻了人的智力只能通过词汇和数学标准来评估的旧论[1]。他将智力概念扩展到了多重标准，即语言智力、数理—逻辑智力、音乐智力、空间智力、身体动觉智力、人际交往智力、自知自省智力。从纯粹临床角度把他的研究和我的研究结合起来会有些艰深难懂；但是，他相信教育者应当以不同方式传递重要的观点和概念，相信调动多元智能会惠及许许多多学生，使我鼓起勇气走出原来关于学生需要学什么、理解什么、何种学习内容对于学生是关键的、他们需要展示何种素质等的陈旧思路[2]。

> 虽然我当时是个孩子，也能感觉到，有些特别好的朋友得不到我能得到的机会，岂有此理。

在弗吉尼亚列治文教育局担任副局长期间，我跟老师、校长们订立的工作目标是：监督每个学生的学习是所有教职员工的责任，该区示范课程和优秀的教学实践要与州标准和国家标准看齐，优质教学是全部学科、所有教师的职责范围和义务。教育者和管理者努力想让学生们从学习中受益终生，他们应当接受哪些信念、政策，履行哪些措施？20世纪90年代，杰夫·霍华德（Jeff Howard）呼吁的"教育改革的新逻辑"更加深了我对这方面的思考[3]。他与美国教育效能研究院（The Efficacy Institute）联手，强调通过在学校和校区内改革教育政策、改进教学方法，让所有学生，尤其是城市学生，不仅在幼儿园到高中毕业（K-12）这个阶段，而且在随后的学习中，都能取得理想的成绩，迈向成功。特别值得一提的是他提出了自己的理念，即美国的学生，包括城市和有色人种青少年，能够"掌握有挑战性的内容"。他没有止步于一些有限的期待，而是强调校区需要接受一个"建构主义信念"体系，涵盖严格的课程内容、一流的课堂教学、为将来工作打基础的职业技能教育，使所有学习者都能够取得不断加速的、可以衡量的学习进步。

自2002年担任列治文公立校区（Richmond Public Schools）教育局长以来，我知道，这里没有一个人具有扭转整个学区的局面的能力。因此，我们从该区的每个部分培养未来领导者来在该区负责实施教学提高战略。我们逐渐达成共识：大改革、大变动需要教育者秉承相同的使命感、价值观和远见卓识；教育工作的思考、探索和责任需要每个人贡献力量；每所学校由校长发起的教师学习团队对于教师所需的持续专业成长至关重要；评价教育机构的工作是否得力，应该以教育成果为导向，以学生们在学习和实践中取得的进步作为重要的衡量标准。

要评价一个教育管理者的功过，不是看他为改革得以实现做了多少辛苦工作，也不是看他力排众议、达到目标之后获得了多少掌声。回忆起担纲列治文校区教育主管那段时间，我内心的宁静和深深的成就感，深植于取得的教育成果，和任职期间无数孩子因为教育改革而获得的机遇。

感谢那些博学多才、充满热情、忠诚敬业的老师，他们坚持信念、辛勤培育，感谢家长们和从当地商业机构和社区、大学以及其他机构中挑选出来的合作伙伴的努力；在我任职期间，列治文校区的学生们在许多方面都取得了加速度的进步，校区始终将精力放在所有师生提高教学水平和学习成效上。

我小时候，离婚的母亲决心要让三个孩子上最好的学校，为此，她倾其所有地付出，做出了巨大的牺牲。我的同龄人上的都是周围的公立学校，而她却疯狂地工作，经常打两份工，就是为了让我们能上更好的天主教学校然后升入高中。我的兄弟姐妹们读书都很好，但是也付出了代价：我们必须接受学校推行的思想，行为举止、学习成绩必须符合学校要求，哪怕这些要求与我们所处的社区的风格格格不入。拒绝服从的学生会被开除，转去公立学校读书。

我很感激妈妈的付出，感激当年老师们的培养。但是，我从开始教学就立志，不能让任何家长因为家庭条件而无奈放弃免费的公立教育；不能让学生们为了求学、求职而放弃对家庭和所在群体的归属。我自始至终相信，一流的公立学校体系虽然远未实现，却是巩固民主信仰的坚强基石。我相信，应该鼓励学生们在千变万化的环境中取得成功的同时，保持独特个性、彰显天生的禀赋；应该让他们证明，出身不是宿命。

所以，我把一个班一个班地、一所学校一所学校地改善公立学校当作最高的职业追求。特许学校发端之初，我觉得这些学校勾起了我曾经对天主教学校教育方式的深深的忧虑，觉得特许学校对于至关重要的公立学校改革目标是个真实的威胁。

我曾经认为，受过良好教育的公立学校教师能够对于什么是最好的教育策略达成共识，能够与思维升阔、推动创新的管理者合作，能够认可责任与创造须臾不可分割，能够接受那些旨在满足学生需求而非成年人愿望的政策和机构安排。这么些年过去了，我认识到，从我的视角来讲是势在必行的教育领域改革，要求从业人员在理念、使命、设计、日常工作方面做出巨大的改变，需要教育决策者修改政策、改变管理方式、改变工作方法。

我赞成弗雷德里克·道格拉斯（Frederick Douglass）关于自由提出的告诫。道格拉斯宣称，"权力不会不提任何条件就做出让步。从没有过，将来也不会有。"从教育角度来看，要改革教育体系，需要很多努力，其中包括拿出最具感召力量的教育实践作为榜样示范，包括提供改革动力，也包括为了鼓励变革、推行变革而对旧体系的蔓延加以抑制。

罗纳德·海费茨（Ronald Heifetz）和唐纳德·劳里（Donald Laurie）在合著的《领导的工作》（The Work of Leadership）一书中提出，"商业机构如果不能学会迅速适应新挑战，就要面临淘汰。"[4]许多人的努力，让我们从这些探索中看到了希望：例如杰弗里·加拿大（Geoffrey Canada）等人为黑人区儿童开办的"诺言学院"特许学校（Promise Academy Charter Schools），蒂莫西·诺里斯（Timothy Knowles）、琳达·温（Linda Wing）在芝加哥大学开办的城市教育研究院（Urban Education Institute），史蒂夫·佩里（Steve Perry）在康涅狄格州首府哈特福德开办的"首府磁力预备学校"（Capital Preparatory Magnet School）等。

这些公立学校不设招生门槛，在对学生的全面素质培养中，采用的教学方法和培养原则不拘一格。和许多其他学校一样，他们努力为学生提供最好的机会，与此同时，塑造可适用于公立学校大规模改革的教育策略。

> 我自始至终相信，一流的公立学校体系虽然远未实现，却是捍卫民主信仰的坚强基石。

这些探索，以独特的方式，证明了特许学校能够打造富有创新精神的领导团队；他们坚持明确、有力的价值观和奋斗目标；将学生视为教育核心；从不止步，不断创新；管理透明公开；他们将问责制和持久发展作为团队常规。虽然我曾在心里疑虑重重，虽然的确有无数特许学校在尝试中一败涂地，但是，现在我相信，特许学校要在教育者面临的公立教育改革这一严峻挑战中扮演一个重要角色。在保持批判视角和评价立场的同时，教育者和管理者们有"道德义务"来接受这个变革和创新,因为这场变革和创新既是为了帮助我们服务的孩子们实现希望,也是为了使与我们共同努力的同行们实现希望[5]。正如美国公共电视网(PBS)的著名主持人塔维斯·斯迈雷(Tavis Smiley)在一档节目中所说的,"未来正在远方注视着我们,盼望我们做出正确的抉择,让它最终能够到来。"

12

重新思考教育改革中教师工会的职责

布拉德·贾普

绩效工资试点改革过程中，丹佛公立校区的教师工资应该如何定，才能得到托马斯杰弗逊高中教师的认可？2001年春，我和瑞奇·洛斯维奇（Rich Rosivach）曾经因为这个问题在电话上没完没了地讨论。在整个试点项目中，这部分工资的确定十分关键，因为虽然试点的学校共有13所，托马斯杰弗逊却是唯一的高中。

董事会成员、教师、工会和社区领袖都相信，如果没有一所高中参加绩效工资的试点项目，这次改革基本上算是无功而返。要让学校加入试点，需要67%以上的教师投赞成票。瑞奇是托马斯杰弗逊高中教师工会的代表，刚参加工作时就因社会研究教学工作出色而崭露头角，是学校决策班子的核心人物之一。我们在电话上讨论的内容是学校各路人马会有怎样的反响：理科教师会如何投票、人们会不会听从数学教研处主任的意见、所有教师最后能投出多少赞成票。他的话掷地有声，"在我看来，作为教师、作为一个工会团队，有两个选择：一是保持20多年来坚持的抗拒姿态，竭力抵制绩效工资这样的改革措施；二是摆脱思想束缚，引领改革，用行动来推进改革。我知道我要做什么选择。我不愿意停留在后面，接下来的25年的教学生涯当中墨守成规。我必须走到队伍前面去。"他期待的，是新的奉献形式——引领，而非抵制。从他的话中，我感受到了加入试点的诸多原因中最有分量的一个，那就是一种共鸣，正是这种共鸣带领着教师职业和教师工会积极进取，不断前进。他的话给了我坚定的信心。几周以后，通过瑞奇和其他工会员工们的沟通努力，托马斯杰弗逊高中教职员工一致投票通过了加入试点的协议。

瑞奇的话，让我想起1986年我刚刚入职时的信念。当时我在丹佛地区马丁·路德·金中学教英语，深受《英年早逝》（Death at an Early Age）和《反叛手册》（Rules for Radicals）这些书的影响。《英年早逝》作者乔纳森·柯佐（Jonathan Kozol）让我了解到，大多数无力改变命运的孩子只能被尸位素餐的社会机构耽误前程，尤其是公立学校。这是多么让人无法容忍的社会不公。《反叛手册》的作者索尔·艾林斯基（Saul Alinsky）[1]给我的启示是，要消除不公，唯一的办法是大规模运动；在我看来，就是由教师工会引领的运动。谈话中，瑞奇的观点清清楚楚，不难把握；同样也可以确信，我们能说服工会成员，即使是在决定去留的艰难时刻，我们最好的立场是勇敢地开风气之先，而非因循守旧、故步自封。我们也应该相信，为了学校能生存，地区、州、国家级别的工会都要各司其职，勇于探索、实施、推进新的政策，让教育这个行业取得更多成果。1986年，作为一名新教师我是这样想的，2001年与瑞奇共事时我仍是这样想的，现在我对此仍然坚信不疑。

但是说到教师工会在学校改革中起的领头羊作用，我也必须承认，很清楚，这份任务不用说比25年前，甚至比9年前我想象的也艰巨多了。诚然，有些工会对教育改革的参与力带来了很多的积极成果，令人振奋，使学生学业水平和政策取向都有了长足的进展：曾经的辛辛那提、西雅图、纽黑文和希尔斯伯勒县，甚至今天的伊利诺伊和德拉华都是例子。但是，认认真真地调查一下公立学校教学受益于教师工会的情况，就会发现，这样的校区为数不过几十，远非几百，相对于全国15000这个总数，相对于50个州，这些校区还只是凤毛麟角。

为什么罕有工会帮助学校提高教学成绩？听听任课教师们和任职工会的教师们的心声，其中原因太多，却大多数跟工会本身没关系。他们提醒我，过去25年中，学校要生存发展，但是政策和实践环境使其日益步履艰难。自1994年《改进美国学校法》实施第一次改革以来，不论是联邦政府、州，还是地方级别的改革，无一不是自上而下地的，也无一例外遭遇到了教师们的质疑，尤其是当改革将教师责任与学生学业水平挂钩的时候。

教育管理部门经常将动用惩罚来作为改革的手段。当他们加快变革的步伐时，教师和工会认为采取的措施要么任意凌乱，要么速度太快，要么干脆就是误入歧途；管理者却无心聆听教师的呼吁，不愿意放慢脚步，更正方向，对风行一时的改革坐下来冷静思考。与此同时，对改革的呼声却日益急切，造成双方愈加对立。多次交锋之后，双方各执己见，局面日益僵化。少数教师工会领袖，如鲍勃·切斯（Bob Chase），提出"新工会主义"，主动寻求接受改革、改变局面，但是对于大多数工会成员来说，改革的分量沉重得难以承担，而对改革的上层领导来说，他们的努力却并未解决问题，无足轻重。我的教育界同行告诉我，历史已经证实，即使地方或者国家级的教师工会成为引领改革的先头部队，教育体制也不会因此而脱胎换骨。创造人人全心奉献的氛围是很难的，因为工会的外部条件使然。

这样的分析至少在部分程度上是有道理的。即使说的不够完全准确，从事教学工作和担任教师工会职务的教师们也会觉得入情入理。在我的职业生涯中，担任过的政策制定、教师协会、教育管理等诸多职务使我得以从事情的多个角度去思考论辩，努力推动学校教育水平的提高。现在我可以说，让教师工会在改革中止步不前的，正是工会自身的运作方式，即便这不是最重要的原因，至少也是原因之一。

1999年协助我们启动丹佛绩效工资改革试点的比尔·斯洛特尼（Bill Slotnik）和李·布雷（Lee Bray）告诉我们，"对于取得当前的水平，旧的校区运转模式已经无可指摘了。但是想要更好的结果，让老师和学生都更上一层楼，就要跟过去的模式说再见。"他们的观点是关于校区的，但是放到各级教师工会组织这个问题上来说也一样正确。照现在的模式看，教师工会毋庸置疑正在滋生一种抗拒变革的风气。如果想让教师工会组织引领学校的改革，我们必须首先回答一些问题：成立工会的初衷。

在工会担任职务多年之后,我知道,如果有人从外界扔给工会成员一堆任务,命令工会这样那样,我会是如何的反感。我希望带着新的精神,索尔·艾林斯基的精神来回答这些问题。从事教育工作至今,我始终铭记他的话。他在《反叛手册》(Rules for Radicals)中提醒我们,面对不断变化的环境,"组织者"——这是他常用的一个名词,在许多方面,我们都可以把这个名词理解成工会领袖——自始至终要抱有质疑精神。他赞同最高法院著名大法官勒恩德·汉德(Learned Hand)的观点,"一个自由人的标志就是他的内心始终抱有质疑习惯,让他寝食难安,反思所作所为是否正确……他必须不停地反思生活,包括自己的生活,思考他的生活到底是为了什么,拷问自身的感受。他需要拒绝俯首帖耳,这种态度是质疑的关键所在。他对于一切都身不由己地想要问个为什么。"

针对我现在讨论的问题而言,我希望桀骜不驯的成分减少些,而"为什么"的问题多一些。我想他们知道,虽然我个人可以僭越地回答这些问题,虽然我认为工会之外的领导者们跟我持一样的想法,认为除非工会,尤其是地方和州级工会改变,我们就不能指望学校有改变,但是,最重要的还是由其他人来回答这些问题——那些地方和州教师工会的领袖,以及想要改进自身职业现状的普通教师们。如今关于教师工会和改革政策的太多辩论都流于肤浅和火药味。所以,我提出问题的目的在于请大家对教师工会成立的初衷进行更开阔、更深入的讨论。如果作为工会领袖的我们、掌握工会决策方向的领袖,以及身在国家教育队伍的所有普通工会成员想要改变现状,就必须改变工会的思维方式。

如果教师工会能够以教学标准和教师负责制度的首要目标为己任,尤其是为促进学生学业能力的提高而努力,又会如何改变呢?要回答这个问题,需要工会组织以新的形式致力于两个核心问题,正是这两个问题,决

> 现在我可以说,让教师工会在改革中止步不前的,正是工会自身的运作方式。

定了20年来各联邦和州的教育政策。首先,采用统一评价标准可以使对

学习成绩的评判得到一个公平的竞赛场地。第二，衡量出相对于标准的进步，对于成绩不佳的学生是件好事情，也可以用来帮助学校、学生、校长和教师等各方了解自身情况，并随之做出决定。

促成这样的改变具有现实和理想两方面的意义。一个现实的出发点是，我们要承认经过 25 年之后，这些问题将持续存在，并因此出台了一系列州和地方的教育政策，与现有州、地方政策保持良好的一致性，甚至与国际教育政策相贴近。既然制定政策的背景已经发生变化，工会就需要另辟蹊径。比较理想化的一个出发点是承认努力提升教学效果以期促进学生学业水平的提高是势在必行的任务。

不管理论的出发点是什么，新的立场必然意味着要给标准和责任制度的发展和实施带来一系列不同的压力。大家会停止毫无必要也毫无成效的、纯属走过场的赞成或者反对，转而进行迫在眉睫、深思熟虑的方法讨论。投身于改革，就需要我们着手亟待进行的研究，运用有限的衡量技术，商讨如何更加公平地评价学生、学校、甚至校长和教师们的表现，商讨如何使用这些评价结果来指引未来的决策。这样的改变，远远不止思想立场的改变，而是要求我们重新思考工会组织该如何发挥职能。

下面的几个问题，也需要我们深思：

如果教师工会对所有类似的教育人员开放，比如说，早期教育、成人教育、双学分课程的教师，甚至于特许学校、网络学习、私立学校的教师，结果会怎样？现在的教师工会其实是一个相对闭塞的机构，将数百万从事相似工作的教师挡在门外。在教育一线和工会工作的同行们告诉我，这样做是为了保护公立教育体系不受侵袭。另一个同样可信的原因是，工会与政府之间讨价还价，订立了一揽子州和地方的政策，形成了专门的规范性框架，这些框架基本定义了教学的方式，工会要保护这种教学方式。如果一个工会领袖雄心勃勃地要改善环境差、工资低的状况，他会发现不仅在他的管理范围内存在问题，职权范围外，其实同样存在不少需要改善的地方——教师环境差、工资低、被呼来唤去随意支使，有时又被毫不讲理地开除。

这并不是说，通过复制公立学校通行的法律政策就能提供支持给遭受如此境遇的同行、未来可能加入进来的工会成员，而是要说，如果工会领袖和成员能够对管理工会的方式加以反思，那些在 K-12 这个教育阶段的外围工作的、权利受到侵犯的同行们的处境可能就会改善。他们不仅仅有可能加入工会，而且可能受益于工会给工作环境带来的改善。

如果工会的首要奋斗目标是学生学习成绩取得有目共睹的进步，劳动关系会如何变化？ K-12 教育阶段，由于法令和地方政策，或者这两个因素的共同作用，造成了人们头脑中的对立，对立双方关于权利分享达成默契，约束着劳动关系。这些政策经久不变，根深蒂固，不管是在谈判桌或者类似的大会小会，甚至是在州立法会场，都将劳动关系的主要内容聚焦在稀缺资源的分配上——首先是钱，其次是时间和人力。其结果就是关于这些资源的分配脱离了比教育政策更为重要的目标——学生水平。如果资源分配和学生水平这两个目标能够重新组合，不是光做表面文章，而是扎扎实实地组合——教师教育就会从根本上改变方式。一种劳动关系是否成功，最明显的判断标准是缩小自身与强者的差距，提高整体能力，增加毕业率和未来的研究生升学率。地方和州两级教师工会组织将因此而闻名遐迩。工会职责在于采取传统措施来塑造成功的劳动关系，例如改善工作场所满意度、提高教师留存率和总体收入水平；这些措施，跟上面说的提升学生水平的措施没理由分割开。绩效评价应该是人人支持的管理手段，而不是自上而下的管理工具。

新的参与方式会如何改变地方和州工会的组织方式，他们将如何使用经费、批准项目、如何管理？工会组织和与其他中小规模的非营利性组织有很多共同之处，比如有自己的董事会和委员会制定政策，从会员当中收取会费作为收入。收入时多时少，资源始终有限，工作重心随情况而变，员工需要岗位调动——这是工会成立之后要应对的工作内容，工会擅长吸纳会员、赢得选举、左右政策，这些都是工会的天然职能。

然而，工会没能做到一件事。他们没有在提升学生的能力成绩和提高教师教学水平方面起到带头作用，尤其是在教育领域的边缘部分。要做到这一点，需要工会承担新的工作内容。经费需要重新安排、人员支出需要重新组织、需要新的管理体系取代 50 年前或者更久之前订立的陈旧不堪的体系。此外，如果单枪匹马地应付这些问题，工会必然难以招架，所以必须找到新的合作伙伴，帮助他们打破教师工会和教育行业其他机构之间的壁垒。

地方和州教师工会承担这个使命的人，比尝试改变政策的人还要少。在这些为数不多的人当中，约翰·格罗斯曼（Jonh Grossman）勇气可嘉地创立了自成一派、大胆探索的哥伦布（俄亥俄州）教育协会（Columbus [Ohio] Education Association），达尔·劳伦斯和弗兰·劳伦斯（Dal and Fran Lawrence）在托莱多（俄亥俄州）教师联合会努力塑造职业领袖能力，还有充满远见卓识的伊利诺伊州教育改革联盟，都是令人叹服的例子。

> 一个工会采取传统措施来塑造成功的劳动关系，例如改善工作场所满意度、提高教师留存率和总体收入水平，这些措施，跟上面说的提升学生水平的措施没有理由要分割开。

有前瞻眼光的地方和州级工会组织数目如何才能增长，从几十到几百，再从几百到几千？

最终，提高学生学业水平的问题是如何在一个高度分散的体系中，进行大规模变革的问题。"另立门户"的州和地方的教师工会组织数量太少，我们可以挨个儿叫上名来，所以状况改善的速度总是非常缓慢，只有经过长期矛盾冲突，才有可能发生变化。教师工会一定能做到的一件事——对此我仍然深信不疑——就是大规模的合力。我见证过无数次这样的合力在谈判桌上扭转局面，网罗"教育界的盟友"，给官员施压。如果没有类似的齐心协力，弥合各地区之间成绩差别的过程将非常缓慢，需要艰苦漫长的努力才能降低辍学率，条件最差的学校仍然需要努力挣扎才能克服眼前的困难。

在我任职于马丁·路德·金中学的 25 年之后，新当选的美国教师联合会主席，兰迪·温加滕（Randi Weingarten）女士发表了一篇振聋发聩的演讲，呼吁教师们行动起来。"除了学券问题是个例外，只要对于孩子们是有利的，对于教师是公平的，没有一件事情应该离开我们的考虑范围。"在我看来，这个演讲等同于一个宣言，彰显着艾林斯基"一定要问个为什么"精神的宣言，号召我们迈出新的步伐。她说的"我们的考虑范围"，不仅仅包括谈判桌上的问题、校区董事会的问题或者州立法会议的问题，也包括为让更多孩子学业有成、顺利毕业、升学深造而倾注心血的众多教师和校长们所面对的问题，当然也包括那些始终尽心竭力、以代表全国教师的利益为己任的工会。在所有这些被涉及的范围里，我希望管理层们能够努力回答以上的问题。

温加滕女士是在呼吁我们所有关心美国学校，包括教师工会的人，像当年在托马斯·杰弗逊中学逐个教室推行改进措施的瑞奇·洛斯维奇那样，挺身而出参与改革。她并不是仅仅在呼吁某几个特殊的人担当此任，而是想要以此为契机，众人拾柴火焰高，发动所有需要参与的人。不管这样的努力是现在马上开始，还是再等一年，我都坚信工会的力量。工会可以大显身手的地方很多很多。让我们一起出发。

13

有谁想要标准化的小孩呢?

丹尼斯·李特奇

我现在知道的东西,上七年级的时候就已经知道得差不多了。上社会研究课的时候,为了得一个 A,我交上了 15 份额外加学分的研究报告。父亲从公司旁边的旅行社带回来几本旅行手册,我抄袭了几段,画了一个漂亮的封面,就堂而皇之地交上去了。交上去的东西其实从没认真读过,相信老师同样也是不读的——然后,我每次还是能得到那个 A。

从此我知道了,学校不是正儿八经学习的地方。对老师来说,学习就是个游戏,因此学生们也是这么想的。学习就是交研究报告、背知识点。泰德·赛泽在《贺拉斯的妥协:美国高中的困境》(*Horace's Compromise: The Dilemma of the American High School*)一书中也描写了这样的把戏,他认为,师生之间如同达成默契——你乖乖听话,不招惹是非,我就给你个好成绩[1]。我跟老师配合得很好,一路得 A;但我心里清楚,那其实根本不是在学习。不过我乐此不疲,没时间去多想。

八年级的时候,教科学的老师让我们用大海报画出事物原理。我画的不错,还标上许多颜色各异的标志,然后就得了 A——多谢这些百科全书上抄来的内容。我从来没有真正理解我抄的是什么东西,但是仍然成绩优异。大海报贴在学校走廊里，同学们见了都惊叹不已。进入八年级，我明白了那不叫学习。有些学生对学习十分投入，勤奋读书，从不流连球场，而是成天泡在博物馆；他们的海报其实很有才华，只不过看起来一塌糊涂，因此就得了 D。但是，他们才知道什么是真正的学习。

到了高中，我还是整天为漂亮的学分而忙碌，来不及真正学习。我以为密歇根大学的学院应该是不一样的——我想错了；不过那校园真是美呆了，还有难忘的学妹们和体育项目。班级人数很多，我得加大马力才能让脑筋运转起来。只有到了期末考试我才能明白一门课是关于什么的，才能把所有的知识碎片都补缀起来。自然还是有些学生分数不高，但是他们不是为了考试而只读一本指定书目，他们会把作者的五本书都读完。这才是真正的学习。

大学四年级，在一位教授的帮助下，我设计并开设了给心理系学生的一门课。每周二晚上，我带 20 名学生到一所精神病院的后院，他们跟病人进行谈话。第二天的课上，我们交流情况、查阅参考书、理解问题、规划如何改进医院的医疗服务。那年我 21 岁，我的想法是学生必须学做结合，不仅参与严重精神分裂症患者的真实治疗，也要读书、记录、讨论。最后，我终于形成了个人对于学习的观念，明白了应该如何实施。这使我和其他学生能够开始真正的学习，也有了继续学习下去的动力。

密歇根大学心理系研究生院给了我教一年级新生心理课的机会——让我得以探索什么是学习，而不是仅仅读读有关的书本。

事实上，这就是我们开学头六周的主题。在完成每个学习任务时，我都要求实践先行、阅读跟上。新生们在日间护理中心、精神病院和实验室工作，然后阅读与课题有关的文献（不是课本），我根据他们完成任务的圆满程度、作为实习生的进步程度以及知识与实践结合的程度给他们打分。

我曾经想当一名职业心理咨询师。可是后来，在海山布朗斯维尔（Ocean Hill Brownsville）校区，由于拥有博士学位，我担任了社区组织者和课程规划人。这是一个实验校区，不属于布鲁克林上级教育部门管理，学生总数大概有九千人。

我曾经观察小学生们读课本。不出我所料，他们能够顺利地读完课文内容，但是对如何理解，完全茫然不知所措。

然后，我迎来了与标准化考试的第一次交锋。

学区教育局长认为标准化考试并不能体现出低收入家庭黑人学生的知识水平，也不能帮助教师教育学生。因此他拒绝合作，不给学生安排标准化考试，而且让教师将所有问题填上了正确无误的答案返给了上级教育部门。他请我和另一位同仁设计可以针对个人发放的诊断性测试。我们开发了一整套试题，培训家长们帮忙监考，然后把考试情况反馈给教师。每三个月，我们都会继续进行测试，而不是一年进行一次唯一的统测。

> 不出我所料，他们能够顺利地读完课文内容，但是对如何阅读，完全茫然不知所措。

作为一个容易受影响的20多岁的年轻人，我意识到，标准化考试只能衡量一个学生学习的单个方面。40年之后，在我写的《全局学习》(The Big Picture)一书中，我引用了黑人心理学家协会（Association of Black Psychologists）创立者之一肯尼斯·维森（Kenneth Wesson）的话，"实话实说，如果标准化考试中，贫穷的城市学生不停地在分数上超过富裕的郊区学生，还有谁会天真到相信标准化测试能衡量成功与否？[2]"

自从就职海山布朗斯维尔学校以来，我始终在努力防止用标准化考试来定义学习。后来，在纽约州立大学石溪分校，我成为一名年轻的教授。对教育的发展道路，我抱着年轻气盛的想法。现在回顾起来，惭愧得很，那时的我自以为无所不知，真不知那时的老教师们又是如何看待我的。是的，我懂得很多理论；但是要使理论细致饱满，要深刻理解，我还有漫漫长路要走。我让我的学生尽快开始在公立学校实习，同时给学校老师的工作记入研究生学分。通过让学生教学、汇报交流、阅读、再进行两年教学，我帮助学生为将来的教师生涯做好准备。

后来，在一个人口不断增长的社区附近，我创办了一个新的公立学校,借此将全部的教学理念付诸实施。这是我人生中最兴奋的时刻之一。那年我27岁,聘用了22个新手老师,白手起家办起了这所学校。肖勒姆-维丁河(Shoreham-Wading River)中学的办学宗旨得自我上七年级就意识到的那些东西。在这所学校,每个学生都有一名学业导师;英语课、社会研究、数学和科学课都改成两节连上;每天教师接触的学生不超过50个;学校划分为以两百个学生为单位的分校;最好的社会研究项目是在一家养老院开展的,学生们根据学习经历,写了一本关于如何创办有关养老院的课程的书;他们还经营一个健康食品商店;过去经常出状况闹事的学生参加实习;学校创立了一个农场,成为孩子们学习的好地方;必修的制陶、金属加工课、彩色玻璃制作和木工课加强了艺术教育。评价学生,我们采用的是文字评述加表现打分的方式。

肖勒姆-维丁河中学被誉为美国中学的范本,琼·里比兹(Joan Lipitz)在《成功的青少年学校》[3]一书中,介绍了这所学校。

六年的紧张努力之后,在学校羽翼丰满之时我离开了,去了新罕布什维尔山区一个贫穷的农村小镇。这次不是从事教育。我整修了一所小房子,不停地读书,作为一个终生学习的人,在这里,我后半生的重要思想得以形成。我与其他15个人创办了一份地方报纸,边做边学。我认识了许多有学问的人,但不是那种死读书得来的学问。我以兼职身份入选州立法机构,经过深入的参与,对政治有了更多了解。这三年的时间帮助我用更开阔、更远离教条的方式看待学习。可支配的资金用完之后,我申请成为该地唯一的中学塞耶初高中(Thayer Junior/Senior High School)的校长。踏上这个工作岗位,我亲身体验了"failing school"(濒临倒闭、无法运转的学校)意味着什么,而当时这个说法在联邦政府并不常见。

那是一所辍学率旷课率奇高而升学率奇低的学校。老师们全力以赴,可是学生们根本不用心学习。我走马上任的那个夏天,逐个约见了300名学生,倾听他们每个人的想法,共同筹划学校改革。现在我的核心教学理念——逐一关注每个学生、为学生寻找最佳发展可能,就是1981年那个夏天开始形成的。

很显然，学校课程并不符合学生们的兴趣。所有的学习过程都被课本束缚住了。我拿出自己的薪水用来支付三个兼职岗位的工资：一个实习协调人，一个家长协调人，还有一个木工。

实习协调人负责在社区给每个学生找到真实的工作；家长协调人找家长来给学生们当顾问和导师，并在自己的工作单位给学生们提供实习机会；木工带领学生建造教室。通过我们这些途径，学生获得了近距离的关注，教育成为非常实际、与社区生活息息相关的事情，学校辍学率迅速下降，大学升学率大幅攀升。

泰德·赛泽（Ted Sizer）将我们推选加入首批美国优质学校联盟（Coalition of Essential Schools），我们名声大振，全国各地都有人源源不断地到这所小小的农村学校来取经。

然而第六年，学校无视我坚持的那些教育理念——实习制、导师制、师生的亲密关系，学校董事会开除了我。我努力了两年，在当地打赢了官司，在州最高法院也获得了胜利；这个经历成为轰动全国的新闻：1984年，我们获得《新闻周刊》的报道，苏珊·凯默拉德-坎普贝尔（Susan Kammeraad-Campbell）把故事写进了《记录：丹尼斯·李特奇的故事——为更好的学校而奋斗》（Doc: The Story of Dennis Littky and His Fight for a Better School），NBC把它拍成了电影，《小镇的分歧》（A Town Torn Apart）[4]。

出名之后，我们有了一个新的机会可以传播理念，创设了一个卫星电视节目（没错，那时候还没有Skype这类社交平台），借此向其他学校宣传导师制、实习制、评价体系、数学辅导等等做法。由CVS医药和安嫩伯格公司（Annenberg Corporation）出资，我们进行了公共宣传，《在塞耶，在各地》（Here, Thayer and Everywhere）这部片子每周一对全国500所学校播出。虽然我相信最好的变革方式是逐个学校击破，但是这个广播也成为拓展我们想法的尝试。

在塞耶工作14年之后，泰德·赛泽邀请我去布朗大学的安嫩伯格学校改革研究院。去那里之前，我抽出六个月时间，在东南亚的发展中国家转了一圈。这次旅行实实在在地加深了我对真正学习的认识。当我看到家长们如何在没有学校的情况下,在社区中抚养和教育孩子,让整个社区来培养青少年的想法变得越发清晰合理了。

与我的同事艾略特·瓦绍(Elion Washor)到布朗大学之后不久,我们与罗德岛教育专员商谈在普罗维登斯(Providence)开设一所学校。我曾经以为我管理学校的使命已经完成,但是我们还是对这个机会点了头,因为它可以让我真正地履行教育理念,完全改革高中的结构。

1995年,在罗德岛的普罗维登斯,迈特中学(Met School)的设计开启了第二个成长阶段。我意识到,要想让学习成果最大化,我需要一个完全不一样的学校结构来实施理念。我深深地感觉到,只是以记忆事实为基础的课程、规规矩矩上课的时间、卡耐基学分还有每堂课45分钟这些老套路永远都无法带来我们特别想为学生带来的那种教育。

借助迈特学校,我们规划了全新的高中教育模式,重新安排了高中的教学时间。我们的建校原则是为学生寻找最佳发展可能,任务是帮助所有学生发现自己的兴趣、爱好所在,将其与社区的某种工作和某位导师衔接。这种兴趣引领的学习方式辅之以一位

> 现在我的核心教学理念,一是逐一关注每个学生,二是为学生寻找最佳发展可能,就是1981年那个夏天开始形成的。

导师或者教师,由他来用比较深入的数学、阅读和写作知识对该工作进行辅导。从学生入学第一天起,家长就参与引导他们的学习;每隔九周,家长都会来参观学生成果展,亲眼看到孩子的进步。教师的职能完全改变,获得了继续深造的时间和工作灵活度,得以成长。我们抛开固定的上课时间、抛开具体的课程,按照学校、州立两套标准来评估学生的进步。

进入21世纪,我始终强调的那些技能成为学校改革项目的亮点和卖点。托尼·瓦格纳(Tony Wagner)在《全球成绩差异》(The Global Achievement Gap)一书中,列举了很多例子,讲述迈特中学的学生参与的扎扎实实的工作是如何让他们获得了21世纪需要的种种技能。在畅销

书《动力》（Drive）一书中，丹·品克（Dan Pink）描述了我们的学校如何以理念吸引所有学生身体力行，而非逼他们就范于学校僵硬的安排。同样，品克在著作中提出，不论学生还是成年人，在学习和创造中，他们都需要为自己的生活掌握方向。他认为迈特学校在这条道路上，足可称为典范。

低收入家庭的孩子，无论是谁，只要坚持上学，不中途辍学，而且在中学毕业后继续努力接受高等教育，都爱上了学习——在这一方面，迈特学校无疑取得了巨大的成功。通过"全局学习"（Big Picture Learning），迈特学校的模式不断扩展，在全国、全世界都得到了推广，100多所学校仿效迈特的做法，与此同时普罗维登斯的迈特学校自身也在不断地进步和发展。

尽管我提倡推广这种改变，但有一点很清楚，就是政策会强有力地影响这种推广。随着成果的不断积累，我的个人教育理念得到不断巩固；我知道，学生完成高中学业的总体人数并未增加，说明仅仅对旧制度做一些修修补补的工作是不够的。推行新的核心课程以及对标准化测试的依赖只会让学校和教育系统的改革更加艰难。我赞赏问责制，但是如果我们对学生的评价方法并不精确，就永远无法改进现行的教育方式。我们衡量的，应该是那些有价值的内容。如果我们能一致认为好奇心、正义感、学以致用和持之以恒的习惯与阅读、写作、绘画一样重要，那就让我们创办不一样的学校，允许学生开发这些素质、让老师们来衡量这些素质。

一次又一次，我看到老师们驱使年龄相仿的孩子们以相同的方式学习相同的内容，我百思不得其解：尽人皆知的科学学习规律和个体差异方面的知识都哪儿去了？我多希望现在这个教育体系能行之有效，但事实并非如此。

我是个乐观的人，尽管现在的教育风气如此，我还是跟"全局学习"的同事们一起着手重新定义高等教育。过去15年中，全局学习已经重新诠释了高中教育，现在，是为高等教育带来改变的时候了。我们与罗杰·威廉姆斯大学（Roger Williams University）联手，创办了College

Unbound，一所另辟蹊径的学校，学生们赢得分量厚重的人文学科学位、为未来的职业打下坚实的基础，凭借的是真实的学业表现，而并不是名校光环或者是听课的时间长短。在扩大我们的大学教育项目规模的同时，我们也在努力改革政策和资格认定体系，让更多的学生有机会塑造自己，取得成功。

40年来，我明白了一个事实：在旧模式下，教师只是做一天和尚撞一天钟，而并不关心学生的兴趣需求。我始终依据学生的需求去进行管理，避免过分的干涉，但是现在，曾经的灵活度已经不存在了，强调标准化、强调统一测试的新政策一统天下，这使我感到愤怒，也更加感受到我们多么迫切地需要个性化、严格要求的教育方式，更加意识到政策的力量；意识到出台合理的政策、放权给学校独立开发课程并为之负责到底是多么的重要。

逐一关注每个学生，一个都不忽视、让他们在社区中亲身体验、格物致知的教学理念伴随着我的职业生涯而不断得以强化。同时不断增长的，是我推动机构改进、从而促进教育改革的愿望；不过为了实现这些变化而推动政策变化的努力，是后来才进行的。我号召基金会和联邦政府都能够起到领头作用，实实在在地加快创新的步伐，而不是仅仅做零打碎敲的修补。我希望可以影响到政策，给每个孩子一个成功的机会。

我希望可以看到"逐一关注每个学生"理念指导下的政策出台，看到坚持这样理念的学校建成，不论这个孩子是刚进幼儿园的5岁娃娃，还是一个40岁回到学校读书的成年人。

我们不能坐视世界千篇一律、整齐划一。难道有谁想要个标准化的小孩吗？

14

重新思考信任

黛博拉·梅耶尔

最近,我翻出来一盒过去的信件,是我在芝加哥刚开始教学时写的。让我吃惊的是,1963年时遇到的许多问题和困境,迄今为止我仍然在苦苦思索——而且仍然不得其解!不管是那时,还是现在,我都非常关注公立教育的影响力,尤其是它对于身居底层、毫无资源的寒门子弟的影响。我的问题是:开创普遍义务教育是为了实现民主,如果让教育一丝不苟地服务于这个目标,学校与学生、教师和民众的关系中,我们必须要改变些什么?

刚开始工作时,我的想法就是,但凡适合富人、有权人的,一定也适合穷人和没权没势的人。不论那时还是现在,这个事实都是赫然存在的:无数学生消极怠学、扰乱课堂,因为他们对于那些高高在上的管理者早已厌倦、疲惫、愤懑、毫不信任。要改变世界,袖手旁观自然一无所成,满腔热情地投入才会完全不一样;同样,如果学校能够尊重每个家庭、社区和孩子尚未开发的潜力,它们是否可以改变学生面对世界的方式?

我意识到,那些最有资源和办法的家庭、最占优势的社区给他们的子女所提供的教育环境,公立学校无法复制。但是,很久以来,我也深深折服于另一些成年人的努力,他们和教育机构携手合作,为了孩子的教育、为了家人，全力以赴尽其所能，为孩子的未来打下了坚实的基础。家校双方在试探和犹疑中，学会了彼此信任。

但是，我发现，家长对学校的不信任比我原来想象的要严重。为了我自己孩子的学习，我也一度对学校产生过担心和焦虑，但是和我学生的家长们体现出来的担心焦虑相比，真是小巫见大巫了。我忘不了一位家长曾经当面质问我，为什么秋天时我"偷了"他5岁儿子的一毛钱硬币……即便家长们能够了解老师、喜欢老师，也不难发现二者之间随时暴露的不信任。

但是，我们知道，虽然这些望子成龙的家庭通常置身学校教育之外，看似无能为力，但他们其实是每个孩子的强大后援——即便孩子已经大了也不例外。如果学校和家庭能够形成合力，我们就能对青少年的未来产生巨大的推动力量。我工作的那些学校即便在学生纷纷反对的情况下也坚持让家庭参与孩子的教育，校方的做法通常还是有道理的。

但是，仅仅家庭跟学校联手还不够。我们实践的是渐进教育原则，但是学校教育基本结构的局限、与人类天然学习方式的格格不入使我们始终感到心有余而力不足。因此，我们努力让孩子们接触富有吸引力、让他们产生学习乐趣的成年人和专业人士。在日常生活的许多方面，我们都能感受到这种接触新鲜事物的浸入式学习的效果，但是，这在学校里难以实现。举例来说，如果家里有个擅长体育的哥哥，近朱者赤，弟弟妹妹们通过耳濡目染，就会培养出色的体育才能；但是学校里，要让学生们的大脑也发达有力，我们提供不了这样的示范。

我们需要一个团队才能拥有足够数量的专业人士，需要彼此的信任，而且不是仅仅在单个学生或者家庭和单个教师之间的信任。如果学校和家庭能给孩子们创造环境，让他们放下戒心、轻松自在，无须不懂装懂、无须恐惧自己无知，学习的效率将会大大提升。

知易行难。我吃惊地发现，学校里的成年人，甚至是身份地位相近的同行们，也难以彼此信任。教学工作有很强的个人属性，交谈起来也存在诸多尴尬，所以老师们竭力躲避那些逆耳诤言。想给一个成年人的写作或者唱歌提意见都很难，就更不用说寻求机会听一个同行的课了。我们都要求学生在同龄人当中要实事求是、不知为不知，但是，我们自己该这么做时，却往往退缩了。

如果在这个方面无法突破，很多改革就只能是纸上谈兵。我们作为专业教育人员都不能彼此信任，如何期待家庭和孩子们信任我们？

或许我们需要不再把"信任"当成是一个模糊松散的概念。或许我们只需要学会如何鼓起勇气，接受批评建议，即便是对方语出不逊，也该想到，"话很刺耳，那又怎样？听起来心里是不舒服，但是最终，要想办法从中受益。"

> 教学工作有很强的个人属性，交谈起来也存在诸多尴尬，所以老师们竭力躲避那些逆耳诤言。

或许民主的交流本身就需要强大的神经，或许在学校，不同观点需要包容、珍惜、保护而不是躲避。当然没必要模仿有些人的尖酸刻薄，但是确实需要学会把批评为己所用。同样，如果学生遇到的老师偶尔语出严苛，他们需要让这些逆耳的意见为自己的成长发挥最大的作用。如果家庭和教师有权择校，是否我们能在这方面做到最好？这样的选择要付出的代价是否值得？显而易见，在学校环境里，人人心平气和，更容易借助信任和尊重解决问题。但是也有人认为，择校使民众出现分裂，危及民主。这两种说法各有道理。

关于学校规模大小，同样的问题也会产生。虽然小社区也能够做到在沟通当中提出举足轻重的意见，并且小社区成员之间了解起来比较省力、容易调整有失误的做法，但是如果人数少，也容易闭门造车、思路狭窄，可供选择的解决方案也是较少的。

从这样的角度考虑，反对按照收入层次、语言和种族来给学生划分学校似乎也没太大价值，是不是？认为学生如果不跟来自背景不同的孩子融合在一起就不能取得好成绩，有没有占据了道德制高点的自负？

这样评价，既贬低了我们的品格，也不符合事实。学生们应该从彼此身上学习，从事物交相作用的过程中学习。如果我们将他们分隔开，他们学到的东西将导致危险的盲目，偏离客观事实，因此必然损害民主。

我仍旧认为，对于一个强大的民主社会应该具备哪些特质，如果我们的认识方式没有产生深刻的改变，那些容纳了最贫穷无助的孩子的学校就不会有真正意义上的改变。如果我们看不到个人利益与那些生活困窘的人的利益之间有何关联，就不可能发起深层次的改革。不管提到哪些方面是居住位置、入狱率、出生时和一生的健康状况、寿命、居住条件，还是在法律体系中能否获得最佳法律援助以及重中之重的收入差别——社会最强势群体和最弱势群体之间所有在关键问题上的差异都在与日俱增，如果对于这些都无动于衷，我们将如置身于泰坦尼克号上的乘客，买到几等舱的票是没有区别的。

但是，现在我不能确定，要汇集想法相近的人、为更加平等的社会这个共同利益而奋斗，社区学校是否是个最佳途径。或许，为了解决我曾经低估了的冲突，我需要重新思考如何才能把信任和民主这两个理念结合起来。

小规模学校和班级有助于解决成人与成人、成人与孩子之间的信任问题。但是同时也会带来社会更加趋于两极分化和互相隔绝的问题。地方的社区是民主生活的砖瓦，经过个人自发选择组成的小学校会被利用来削弱民主的政治基础，削弱大社会的团结一致，而社会的团结正是民主赖以继续存在的基石。我们需要解开这些谜题，创立真正充满团结信任的社区，同时也建设更大的民主机构，在承认无前提的信任存在缺陷的前提下，仍然坚持无条件地尊重他人，与之真诚对话，谨慎、理智地把信任交给他人。

> 学生们从彼此身上学习，从事物交相作用的过程中学习。如果我们将他们彼此分隔，他们学到的东西将导致危险的盲目，偏离客观事实，因此必然有损于民主。

"学校改革"是不够的

罗恩·米勒

　　我从事教育行业的起因，如果不说违背主流文化，至少也有点与众不同。我没担任过公立学校教师或者校长，也没有研究过公立学校政策或者实践。从本科时起，我关注的就是比课程或教学更宏大、更开阔的问题，一直努力尝试去理解，我们的文明最基本的"世界观"如何定义"教育"，我们又期待学校能起到什么作用。在关于学校教育方方面面的大众观点之外，我也研究过如何从文化角度理解人类本质和人类潜能、美国历史的核心政治议题，以及大量的非主流教育思想。对这些问题思考了30年后，现在可以说，我的观点基本没有改变。如果非得说有点什么变化的话，就是比起充满信心、充满憧憬的青年时代，我更加相信，现代学校教育制度倾向于压抑人类的潜力开发，阻碍更人性化、更公正、更民主的社会形成，而不是起到推动作用。

　　众多坚持渐进教育的改革者、学者和教育专业人士奉献了毕生精力，希望建成理想、公平、卓越、民主的公立教育体系，我对他们充满敬意，心怀感激。但是我仍然认为，现存的学校教育体系是技术统领一切的产物，而技术专制横行世界、掠夺地球，剥削了数百万人，腐蚀了人类存在的精神家园。请技术专制体系来服务于人道和民主事业，无异于缘木求鱼。改革者们或许能对这个系统的某些方面产生一定的影响，甚至为一些学生带来命运的转变，这些都是可敬可佩的。但是，这还远远不够，因为目前体系所维护的世界观，本质上是背离人性也是损害民主价值的。是的，我很清楚，不论是跟这本书的其他撰稿人相比，还是跟整个教育界相比，我的思想都可以说走到了激进的边缘。但是请想一想，人类明显已经进入了一个乱象纷呈、分崩离析的时代：气候问题、极度的石油、食品和水资源匮乏、政治和宗教极端主义以及其他严重的危机都在昭示着现代历史的末日。很可能，只有那些站在边缘的人才能看见地平线上正在逼近的是什么。

放在20世纪80年代，这么想毋庸置疑是与文化潮流相悖的；如果是60年代更是会被嗤之以鼻，那时咄咄逼人的全球资本主义如日中天，被认为是"美国的早晨"。仅仅一小部分激进的生态学者、系统理论家和信奉新时代理念的人对当时的主流世界观提出了全方位的质疑。我不知道为何我接受了这些挑战性的观念；我在一个舒适优裕的环境长大，并非血气方刚的愤青，但是，卡尔·罗杰（Carl Rogers）和亚伯拉罕·马斯洛（Abraham Maslow）关于人类待开发的潜能观念让我折服，亨利·大卫·梭罗（Henry David Thoreau）对于当时逐渐形成的现代社会的生存批判也跟罗杰和马斯洛的观念声气相合，有异曲同工之妙。

我如饥似渴地学习现象心理学、蒙台梭利教育理论还有逐日增加的整体科学的文献（弗利特乔夫·卡普拉［Fritjof Capra］和鲁珀特·谢尔德雷克［Rupert Sheldrake］为推广整体科学做出了很大贡献），还有温德尔·贝里（Wendell Berry）、E. F. 舒马赫（E. F. Schumacher）提倡的立足本地、以人为本的视角，以及"绿色政治"（green politics）。帕克·帕默（Parker Palmer）和乔安娜·梅西（Joanna Macy）从关注心灵的传统中升华出全新智慧，她们给我很多启发；我重读了60年代主张自由教育法和提倡废除学校的那些人的著作，如约翰·霍尔特（John Holt）、保罗·古德曼（Paul Goodman）、乔治·丹尼森（George Dennison）和伊凡·伊里奇（Ivan Illich）；在倡导"整体教育"（holistic education）的哲学观方面，他们声气相通，于我也心有戚戚。80年代，一种对待教育的全新的思考方式也已出现，虽然它根植于完全不同的世界观，与里根时代的社会风气格格不入，但是它已经落地生根，也很可能会逐步抽枝散叶。

但是，多年以后，这种另类的思想仍然曲高和寡，默默无闻。没错，现在有了数百家蒙台梭利学校、沃尔多夫学校，"民主管理"的新式学校和几千个并不极端的主张家庭私塾式教育的人。一小部分受到整体教育思想（或者可以叫作"绿色"、"生态"观点）影响的人，告别了越来越标准化的、技术至上主义的学校系统。但是这些都还远远没有形成规模。占据联邦和各州政府、大学和智囊顾问机构、流行媒体、公司、基金会意见主流的，是课程标准、自上而下的管理、问责制和冷酷无情的绩效衡量。这些主流教育不只是与整体主义教育观点相左，它们反映的是根本不同的教育理念。从关注每个学生的个体特点，到拒绝用测试的方式来防止他们遗忘——我们这些微弱的、逆流而上的努力，在技术至上主义者的眼里是不可理喻的。像我前面说的那样，我们是默默无闻的一群人。

> 很可能，只有那些站在边缘的人才能看见地平线上正在逼近的是什么。

我曾经认为，整体主义的世界观将被越来越多关心社会堕落和经济退步的人所接受；但是现在我认为，技术至上主义的世界观根深蒂固、坚如磐石，除非我们的文化出现严重的垮塌，否则不会放松对我们思想的控制。我不希望出现世界经济的混乱崩溃，因为这必将导致无数人流离失所、生活痛苦、暴力横行。但是如今在我来看，崩溃混乱已经赫然如黑云压城。尽管许多人发出言辞犀利的警告，我们的生活方式还是严重超出了地球生态负载能力的极限；现代生活水平使人无限追求奢靡、恣意戕害环境，危机的到来就是迟早的事。不应该再继续夸大地球生物资源的承受限度了。无论是自由主义的还是保守主义的、资本主义的还是社会主义的、技术乌托邦的还是新时代的观念——没有一种现代思潮能够为如此的生态现实开脱。我们别无选择，除非接受谦卑谨慎、尊重环境要求和自然节奏的生活方式。考虑居住地的地理特征，减少技术至上主义标准带来的趋之若鹜的生产和消费。

像理查德·海因伯格（Richard Heinberg）这样目光敏锐的人已经指出，即将到来的时代是个告别化石燃料的后碳时代。那时，放弃廉价化石燃料能源的生活将大不同于我们现在习以为常的生活；司空见惯的经济和社会结构将退出历史舞台；大型的公共体系，包括公立教育，将被本地化的解决方案取代。这不正是教育问题上持非主流意见的人，尤其是那些60年代的自由主义者们所一直倡导的吗？他们提出，教育应该是一种成年人和孩子之间的"有机"的关系，和谐地融进富有生机的人际关系和生态环境里。而那些既抽象又笼统的概念，包括课程、标准、问责制，都是彻头彻尾的"无机"。

他们用一种充满活力、以人为本的教学法来替换服务于技术帝国利益的学校教育。我们确实可以努力利用技术帝国体制来为民主的目的服务，但是在过去150年间，可以清晰地观察到，这个做法通常并不奏效。即便将包含种族歧视的课程换成没有歧视色彩的，那也仍然是隐身其外的决策者强加的课程；即便通过提高办学标准来实现阶级平等，那些也仍然是标准，是通过技术至上主义的措施和管理手段来实现的。

在教育问题上持异见的那些人，例如拉尔夫·瓦尔多·艾默生（Ralph Waldo Emerson）、路易莎·玫·奥尔科特（Louisa May Alcott）、亨利·大卫·梭罗（Henry David Thoreau）等曾经警告过我们，要提防帝国式的学校教育带来的危机；18世纪公共学校运动先驱霍瑞斯·曼（Horace Mann）主张的新体系让超验主义者忧心忡忡，因为那是来自于普鲁士的军国主义传承。在这个工业化如狼似虎的时代，不同的声音总是被边缘化、被排斥。然而，随着我们逐渐意识到帝国日益难以维持，这些浪漫主义、极端主义的观点看起来都越来越像充满智慧的神谕。不仅仅从道德和有助于生存角度来说，更有机的教育比技术至上的学校教育更加可信任，而且，在重新洗牌的世界里，有机教育不可或缺。

只要从原来被主流世界观洗脑后的盲从盲信退一步，从新的角度反思主流世界观的基本假设，前面说过的那些真知灼见就会到来。我们将不再视统一课程为天经地义，而是要问：提前设定的、固化僵死的学习内容，是否能服务于真正的学习、服务于人类发展、民主进步？真正在教与学中实际参与的人是教育者、家长和孩子们，我们应该让学校对政客、官僚和财阀们负责，还是让这些人为教育者、家长、孩子们负责，并听令于他们？

就传统思维来讲，这些激进的观点都已经逾越了职业对话的边界。然而在过去30年中，我到过几十所用新观念管理的学校，访谈过数百个家庭和持整体教育观的教育者，我的结论是，教育如果能够"有机"地进行，产生的效果是非常可观的。孩子们会听到内心的召唤、感受到内心的激情，发现自我、掌控自我，因此乐学、好学。如果一个学习团体是互相关心和尊敬的，他们会在成年人面前觉得自在、自信，会彼此支持。换句话说，我们不必为了让他们成长为能干、负责的公民而把他们的学习压进标准化的框框里。应该给人类与生俱来的学习欲望多些信任，从而取得对他们的理解，跟他们进行沟通和合作。

有机的教育信任使生命自身具备发展的智慧，这是它决然抛弃了技术帝国的操控性世界观的根本原因。

当然，我知道，公立学校必须抗衡的困难如同雪崩一般硕大无朋——包括贫困、种族主义、资源滥用、团伙犯罪、文化和语言的不同以及学习者能力的千差万别——目前那些条件优越的非主流学校和在家学习的网络学校通常不必担忧这些问题。我并不是说，即使最艰难的教育环境也不例外，要让各自为政、培养精英、自给自足的私立学校来替换服务所有年轻人的公立教育；我想提倡的，是把伟大的、民主的人权和机会均等原则与尊重个体、尊重人的自然发展的根本原则结合起来，形成一个"教育权利"的概念，这个概念涵盖了获得教育的权利和自由、社会责任以及对每个人独特的内心世界的认可。我不认为有机的教育是解除人类社会最深刻缠杂的社会问题或最麻烦的社会现象的灵丹妙药，但是，比起一个实施严格控制、管理、充满长官意志的学习环境，充满对个体差异、对人的关爱和尊重的学习环境才能解放人。值得一提的是，蒙台梭利和沃尔多夫教育都并非发源于与外界互不往来的舒适清净之地,而是为了解决贫困工人的教育问题应运而生的。

后碳时代的世界里,我希望能够出现本地化的公立教育,给所有人提供多样的学习机会,而不是给他们令人窒息的、机械的问责压力或者标准化要求。

刚进入教育行业时,我曾经认为历史朝向民主和人权的逐步前进会自然而然地导向这个模式。但是现在,亲眼看到了全球资本主义和消费主义导致的生态枯竭,我认为,有些种子将在帝国废墟里处处生根发芽,那就是在世界各地进行的,点滴的教育民主的尝试。

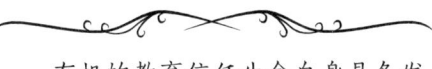

> 有机的教育信任生命自身具备发展的智慧。这是它决然抛弃了技术帝国的操控性世界观的根本原因。

16

不论如何,在批判中坚持希望

索尼娅·涅托

作为一个新手老师,我曾经认为我能改变世界——或者至少改变学生们的世界。我跟他们一样,是在布鲁克林的穷人区长大的。作为一个身在纽约的波多黎各移民的女儿,我的第一语言是西班牙语,上学时才开始学习英语。在小学和中学,我遇到过非常好的老师,也遇到了一些很一般甚至很差的老师,但是我一直都很清楚,教育是多么重要。我学习刻苦,成绩一路领先,从小学就开始博览群书,立志要当一个教师,给我未来的学生们打开一片新天地。

阅读为我带来了开阔的视野,让我在布鲁克林那个无数移民蚁居的出租公寓得以见到一个不可思议的世界。每次去布鲁克林公共图书馆,我都会借走六本书,这是我能够借阅的最大数量;我如饥似渴地在书海里徜徉。现在我也希望我的学生们能有海量阅读,让阅读给他们的生活带来光亮、启发和改变。

1966年,带着一堆教学方法论和教学理念、带着在一个几乎纯白人社区的教学实习经验、小学教育专业的学历证书、纽约市公立学校的教师证,我在布鲁克林贫困社区的一所中学里,开始了教学生涯。

很快我就意识到,我太低估了要面对的挑战。这所学校不仅有一半教师跳槽走人了，学生的流失也是个大问题。教师对工作敷衍塞责，有些人甚至公然歧视和蔑视学生；管理人员似乎都在坐等混到退休的那一天；大多数学生学习勉强被动，与学校、老师都有很深的隔阂和敌意。我的学生都是非裔和波多黎各裔美国人，家境困难。

一个最好的学生在14岁那年怀孕，被迫辍学；另一个，才16岁，成了一个皮条客；不光是新教师上课时班级嘈杂混乱，老教师上课时，也一样鸡飞狗跳。

尽管我爱学生们，而且他们也都聪明能干，但是我还是感到非常沮丧。

刚开始时我相信我能改变世界，但是我很快就发现，许多事情是我无法左右的，改变世界只能是个幻想。这个环境让单枪匹马的人无能为力。我相信，在这所学校工作的两年里，我成长了，学到了一些有用的教学策略，更加自信，与学生们建立了很深的感情；我也相信我对一些学生产生了正面的影响，虽然那时我就知道，这影响是远远不够的；不过，我还是慢慢懂得了：全社会的不平等、极度的贫困、无情的种族歧视以及其他一些束缚人的思想，还有当时学校、社会不公平的政策和行为，这些因素左右学生们学习的力量，远远大于我能够在教室里起到的作用。

在这所布鲁克林中学工作两年后，我接到电话，应聘去纽约最北部的布朗克斯一所新成立的实验小学当双语教师。这所双语学校名叫P.S.25，将成为美国东北部第一家、也是全国第二家，用学生的母语授课，同时教授英语的公立学校。1968年的时候找到一个双语教师不是那么容易的事；实际上，在布鲁克林工作的两年内（我曾经也是那个体系的学生），我从没遇到过另一个西班牙语和英语都同样流利的教师。当时全纽约共有55 000名公立学校教师，P.S.25最终招到了大约30名能用双语教学的人。

这其中大约半数是西班牙裔的；其余是西班牙语说得很流利的白人和非裔美国人。在两年的中学教育磨炼中，我曾经意识到，当初想改变世界的愿望既天真又不现实，但是在双语学校工作之后不久，对于什么是有希望可能实现的，我的观点再次发生了改变。

我曾认为——我在纽约公立学校的求学经历和后来在大学教育系读书的经历都让我这样认为——作为教师，我必须把自己的背景文化和少数族裔身份过滤掉。老师曾告诉过我，对于教师的教学和学生的学习过程，这些都是无足轻重的，跟智力和品德也毫无关系。从小老师就告诉我，公开说西班牙语是不对的；准备进入教育职业之前，这个印象又受到了强化；但是，在双语学校仅一段时间之后，我开始相信，承认也好、不承认也罢，老师和学生每个人的语言、文化、种族和种族特点都与教育存在千丝万缕的联系。

> 我曾经认为，作为教师，我必须把自己的背景文化和少数族裔身份过滤掉。

在这所双语学校里，大家说着熟悉的语言、展示着自己的文化，不仅理直气壮，而且觉得十分受肯定、受瞩目。在这里，能昂首挺胸地说西班牙语，是除了在家里和好朋友之间从没体验过的；在这里，没必要对自己波多黎各或者巴拿马或者多米尼加的来历掖掖藏藏，老师们反而把学生们的故事和生活现状作为学习的重要内容。来这里几个月后，我发现（而且到现在也是这么想的），一旦教师认可学生的身份定位，而不是将他的身份背景贴上低劣的标签，就能向学生传递一个有力的信息：他们是聪明的孩子，孺子可教。当老师自己不再刻意隐瞒自己的身份和文化背景，而且能坦然走进教室的时候，他们不仅做到了对自己诚实，同时也做到了跟学生坦然相对。

我曾经认为，家长即使不是对孩子的学习无从下手，至少也起不到什么关键作用。毕竟，我自己的经历就说明了这一点。除了学校开放日，我父母在我小时候从不踏进学校，如果非去不可，也肯定只是我妈妈。她是在波多黎各的学校里学的英语，尽管说得还不错，但是心里对自己的语言水平总没底，所以，每次去学校她总得硬着头皮。

此外，因为没上过几年学（高中二年级就退学了），她视学校为畏途。我父亲也因为需要在农场帮助养家糊口，四年级开始就没能再上学，他对学校的畏惧心理比我母亲还重。我和妹妹升到小学高年级的时候，父母就再也不能指导我们做家庭作业了，连学校布置烤饼干拿去筹钱的事，对他们来讲也根本帮不上忙。

在这些方面，我家人没法达到学校对家长的期待。我曾经以为，如果我没有他们陪伴在左右也能成功，那别人也都能。

但是我没意识到，虽然父母并不能以学校提出或者批准的途径参与，其实他们确实是参与了我们的学习的。尽管他们不能帮我们做功课，但是他们督促我们做，也总是叮嘱我们读书多么重要、读了书将来生活就会比他们的生活好很多。他们重新定义了家长参与孩子学习的方式，但是，直到成年后来到双语学校教书，我才意识到这一点。

父母是双语学校教育的重要一环。他们参与学校对新教师的选拔录用，也参与设定学校的整体氛围和宗旨。教师和学校管理人员在对外联系上下很大的功夫，例如，学校鼓励老师们去做家访；领导办公室的门对家长总是敞开的；甚至就在校长的办公室边上特意设立了一个家长室；在那儿家长们——以妈妈们为主，时而也有一些爸爸们，而且从来少不了学生的兄弟姐妹们、奶奶们——可以参加手工作坊、学做手工艺品、跟老师和学校领导对话、吃午饭，家长室里从来都是人气十足的。

作为老师，学校要求我尽量多做家访，我也乐此不疲。每次去学生的家，他们总是将我奉为上宾，我也经常给家长打电话、写信，邀请他们来我家，或者去参观孩子们的作品展览和艺术表演。很快，学生和家长对我的认可与尊重就体现出来了。

几个月以后，我深深相信，家长在教育中的参与对于孩子的学习是必不可少的。我学会了尊重所有类型的家长参与方式——从传统的家校会议到进课堂听课，到我父母当年那种十分有效的默默支持。我曾经认为家长的参与是只有中产阶级家庭才能做到的事情，底层家庭的家长参与过去被太多人认为是无足轻重、没有意义的，但是现在我认为，其实对于这种家庭来说，家长参与尤为重要。

> 弗莱雷把希望寄托在跟那些无权无势的人一起努力，而不是仅仅为他们努力创造。

开始从事教育工作时我还没有读博士，但是我深爱这份工作，所以后来决定要去攻读一个博士学位。开始读博之前，我在一所学院当讲师；拿到教师教育的博士学位之后，我又工作了25年。在博士研究当中，我发现由于社会的整体不公，有色人种和贫穷家庭的孩子几乎不可能得到公平的教育机会。我的两位导师，山姆·鲍尔斯（Sam Bowles）和赫伯·金提思（Herb Gintis）还有马丁·卡诺伊（Martin Carnoy）和约而·斯普令（Joel Spring）的理论印证了这个看法。这些学者抵制"教育带来社会公平"这个画饼充饥的空头理论，为教育研究做出了巨大的贡献[1]。这些令人服膺的理论，加之我自己的教学实践感受，让我产生了深深的共鸣。虽然因为受教育而"成功"了，我非常清楚，波多黎各人在美国只是少数族裔。尽管我没有放弃教育机会，但是我认为，在我们这样具有种种局限的社会现实环境之下，教师能做的毕竟是有限的。我并不是受到打击而沮丧，但是当初开始教学时的乐天态度已经一去不返了。

之后，我读了保罗·弗莱雷（Paulo Freire）的书。在《受压迫者的教学》为代表的这些书里，他带给我一个信念：在批判中坚持希望[2]。弗莱雷的希望不是来自于要大家保持信心的陈词滥调，也不是来自于过分天真的迷梦，而是来自于对于社会公平和努力奋斗的远见卓识。

他把希望寄托在跟那些无权无势的人一起努力，而不是仅仅为他们努力创造。这是担当向导和后盾的教师的远见，而不是传教士或者救世主的远见。最重要的是，弗莱雷的教育远见没有骄傲自恃和强行驯服，而是崇尚谦虚谨慎和自由发展。他提出这个理念的时间是30多年前，今天，我一直在努力将它传承下去。

我对教师的信念比以往任何时候都要强，因为我曾经见过他们中最优秀的那些人,在艰难的环境中,做出非凡的贡献。所以,经历过生活的百转千回,我又回到了多年前开始工作时的那个我。

尽管已经不再有往日的天真,我仍然相信教师可以改变孩子们的世界,现在面对这些问题,我知道,我已经积累了更多智慧、更多经验。

17 在重振公立教育时重新思考

查尔斯·M.佩恩

最近三四年间,从过去的反对"重振公立教育",尤其是涉及高中阶段的学校改革,我转而认为,只要这个概念不被操纵、被简单化,"重振"还是有希望的。只是这个概念最早的雏形说法实在令人侧目——"整理学校,清退教师"。

这样的口号听起来应该能摧枯拉朽、风行一时。当然,即便是表达得欠缺考虑,我们也应该敬重那些讨论重振公立教育的人内心的紧迫感,敬重他们之所以提出"重振"是因为他们警觉到那些差校四处渗透的负面影响。尽管如此,我听到这个说法的最初反应还是:这也太天真了吧,他们哪里知道城市教育改革的复杂性。我向来深信,真刀真枪的变革必然旷日持久。不管是那时还是现在,我都认为,简单地把学校风格改变和更换教师之间画等号,究其原因,是根本不知道问题重重的教师职业氛围其实一部分来自校区功能问题,另一部分来自教师职前准备不足,而不是个别学校的问题。你尽可以将教师统统清退,但后来再录用的,弄不好跟你打发走的那些人有同样的问题。提出"重振",听起来坚决果断、振奋人心,而实际上已经把上个年代关于教育改革的全国大讨论抛到九霄云外了。

听说弗吉尼亚大学创设了一个项目,给重振公立教育方面的专业人士颁发合格证书，让我的担忧有增无减。美国大学整体上做不到让教师和校长们做好职前准备，可是现在看来，他们转而从事重振教育事业了。神啊，保佑我们吧！

不仅如此，在地方，芝加哥为重振公立教育而采取的拙劣措施也证实了我的担忧。我听见学校领导和当地社区领袖说，他们是从《芝加哥太阳时报》(Sun-Times)上得知学校正在整顿改革中。有如此的公共关系，即使是最具创意的点子也无处生存。芝加哥重振公立教育的实施也让我产生了深深的疑虑。他们做的似乎比我预计的还多。该市目前有两个公立教育重振项目在平行开展，一个在芝加哥公立校区（Chicago Public Schools, 简称 CPS）内部，另一个由 CPS 的外盟城市学校领导学院（Academy for Urban School Leadership, 简称 AUSL）带领。AUSL 占据一定的优势，因为以前曾经是教师培训项目，因此它录用的教师是以前的学员（但是随着项目的扩大，这个现象定然会改变）。

许多人认为 AUSL 在形成课程体系和给教师提供教学法支持方面比前者做得好。在这两组改革力量之间发生过一些"状况"，但是，他们是否能超越友好的对手状态是一个公开的问题。我曾经频繁接触从事教育改革的人，虽然都不是通过正式途径——与教师、职工的交谈、去过几次学校、听过去从事过改革的学生的报告以及与改革领导机构成员的谈话。我还在某个地方的教育改革社区咨询委员会里担任职务。根据从我的视角观察到的一切，我可以确定地说，在有些城市最差、最令人担忧的学校里，学生正在呈现好的发展态势，出勤率大大提高（每年 20% 到 30% 的增长幅度），学生毕业后跟踪率也显著提高。虽然考试成绩参差不齐，2010 年，全市经过改革的学校里学生达到或超过州教育标准的人数平均有 10% 的增长，而全市平均仅有 2% 的增长。这还不是最让我印象深刻的。在改革举措实施之前，我曾经跟一些学生交谈过，他们言辞激烈地反对即将到来的强加给他们的改革；但是改革之后，他们认为，这些改革措施是在他们高中教育阶段发生过的最有积极意义的事。

被称为"作弊"的一些改革措施在这里我不会避而不谈。有的学校悍然开除最能惹乱子的学生，招收更好的学生，在数据上做手脚。我相信，这是事实。但还是要说，尽管如此，这些学校仍然比过去更加适合学生成长。

我曾经跟一些学生交谈过，他们言辞激烈地反对即将到来的强加给他们的改革。但是改革之后，他们认为，这些改革措施是在他们高中教育阶段发生过的最有积极意义的事。

芝加哥在教育重振计划中更换了 90% 到 95% 的教师，但是完全无法断定，这是否就是诸多转机产生的原因。我认为，真正起作用的因素包括以下几个方面：

拨款。进行改革的学校五年中能获得多于不改革的高中 25% 到 35% 的拨款（预计再增加 50% 才能差不多满足需求）。

给学生更多社会支持。额外拨款大多数流向了受社会扶持的为学生提供的几类工作：全程咨询人员、高中新生咨询人员、过渡期咨询人员、社会工作者、旷课调查员等等，而这些在其他高中只是曾经耳闻，或者已经年代久远得如同老故事。

课程设置。从教学角度来说，这些学校正在形成更有衔接性、连贯性的课程内容。教师们相互之间的教学沟通多了，管理人员也比在普通学校里更密切地关注教师授课，在 AUSL 这一点尤为显著，他们的教师是自己培养的，因此教学模式、教师用语和教学方法都比较接近。

强悍持久的领导团队。尽管在很多方面我不同意他们的观点，但是芝加哥教育改革的许多领导给我的印象是思想丰富、善于内省、忠于使命、有过必改。在曾经全市暴力事件发生最多的哈珀学校，学生们在改革的第一年开学回校时，发现过去"他们的"老师大部分被辞退，学生们大为光火，有的要求新老师付钱才能接手原来老师的工作。别的暂且不提，校方从此事件中得到了前所未有的认识：想要在改革中辞旧迎新，创造一些社会资本还是很重要的。第二年，他们升入芬格高中（Fenger High）——最近因为殴打学生迪里安·阿尔伯特（Derrion Albert）而臭名远扬的那所学校——选出学生代表参加教师的招聘面试，目的是至少在部分学生与部分教师之间形成熟稔感、参与感，我不知道这样做的效果如何，但是这至少说明，这个教改的学校具备一种差校中难得的知错就改的能力。

比起国家级的重振公立学校的教育改革，这些都显得无足轻重。与此同时，芝加哥的教育改革引起了外界的热切关注。首先，我们无法断定这样的改革是否能够持久。一定程度上，这取决于公众是否愿意继续提供教育改革所需的巨额资金；此外，从个人角度而言，教改带来的工作让人筋疲力尽，教师这一职业意味着巨大的工作压力和漫长的工作时间。我认识的一些优秀的年轻教师，不仅才华横溢而且兢兢业业，但是他们都觉得这样的工作他们坚持不了很多年。压力带给人难以喘息的危机氛围，好像是在对他们说，"知道吧？没成绩，就走人。"教师仿佛是生活在一柄达摩克里斯之剑底下。问责制是举足轻重的，但是看来很多进行改革的学校还没有想好怎么能平衡工作中的问责和支持。

另一点就是教师们抱怨教育主管频繁的朝令夕改。今天是放下一切去做这个，明天这个就会被换掉，新规定急三火四地下来了，大家再去全力以赴做那个。什么都势在必行，很少能持之以恒。随心所欲让学生停学的问题就是一个例子。在长期失去有效控制的学校里，领导必须首先重新获得控制力是没错的，勒令某些学生停学也是其中部分措施，我相当赞同。但是，如何对待那些顽固不化的差生，如何在他们被停学期间给予帮助，我们都还没有考虑周全。

> 芝加哥的教育改革引起了外界的热切关注。首先，我们无法断定这样的改革是否能够持久。

现在看来，我们对教育改革最乐观的估计应该是它会带来许许多多让人激动的可能：可能你会提供更多资源，可能你会划拨更多款项让学生获得社会资源，可能你会把行为举止和教学的标准定得更高，可能我们会更加精心选择领导团队和教师团队——那么，可能，有价值的转变，甚至是大规模转变，就不再是遥不可及的设想。

改革有风险，我们必须承认潜在的问题。对教育改革者来说，最好的问题不是改革对不对，而是想要做成点事，我们需要付出什么？面对迅速扩大的改革范围，有一点是我们并不能深刻理解却确凿无误的，就是保持对改革的开放态度将越来越难。在如今经费充裕的条件下，应该会有很多人对以上问题做出解答。

18

格格不入

拉里·罗森斯托克

我曾认为,传统公立教育是美国实现社会公平最可信赖的体制之一。刚参加工作时,我在一所城市学校当木工老师,正值70年代波士顿反种族隔离运动如火如荼地进行中。那时我认为只有传统的公立教育才是底层孩子摆脱生活困境的最佳途径,也是解决阶级和种族问题的不二法门。刚走出法学院,上课第一天我就意识到,论聪明程度,其实工人阶级的子女(他们戏称自己是"阿呆阿瓜")跟我在法学院的中产阶级子女同学相比毫不逊色。从那时起,这个想法就给了我很大的工作动力。我觉得只要我们让这些来自波士顿的孩子充分运用天赋、打磨技能、帮他们开阔眼界,他们就能跟那些法学院的中产阶级孩子一样,拥有美好的未来。

担任工会代表和本地执行委员会委员时,我曾认为,教师们抱团、据理力争,可以让我们工作更加出色,改变学校种种现状。

担任学校租赁组织人时,我曾认为,民选的校董事会是地方民主的重要一环,它能让低收入、无话语权的家长和社区成员行使自己的权利。

我曾经认为,地方校董事会能够有效促进对公立教育这一可贵体制的民主参与,能够促成它的转变。

后来我发现，公立学校竟然正是我想改变的社会不公的重要部分。从好的方面说，学校延续了种族和阶级的不平等，从不好的方面说，这些学校在学生成长中用几乎等同于学生肤色或者父母教育背景的"能力"、"职业"等标签加重了种族和阶级的不平等。即使进入整体上比较多元化的学校（现在这些学校为数越来越少），一进校门，学生们也会经历各种非常深刻的隔阂。拿到各种荣誉的、上大学预科班的，都是律师和教授家的孩子，工人家庭的孩子只能去接受职业教育。

我发现，教师工会、教育管理人员、家长和校董事会都受困于一个自私自利的、官僚作风十足的僵局。尽管功能失调，这个僵局却处于一个稳定状态，因此很难推翻。教师工会不鼓励教师公平竞争——因为工会保护那些教龄长的人，而根本不考虑他们是否热爱教育、是否有创新能力、教学能力或者他们的价值观是不是对于学生的幸福和成长有重要意义。工会还把自己的职责定位为捍卫教师的工作岗位，却不考虑某些教师是否受学生抵制，或者根本不适合教学。

我发现教师一旦习惯了教一小类学生——大学预科班或者补习班的那些——对转去教水平参差不齐的学生这种锻炼就会丝毫不感兴趣，因为那里需要他们去熟悉完全不同的课程。即便是在我们号称学习内容丰富多样的渐进式教育特许中学里，也有家长不断施压，让我们把成绩优秀的学生另外分班来教。学校成立之初，有些教师就想把数学课分成几个不同的组。我们推演了一下课堂分组和重新安排时间的后果，意识到这会很快导致一些校中校，所以我们没有采纳那个建议，现在也仍然不给学生分班，完全不分。

担任一所大型传统城市高中的校长头一个月，一个校董事会成员命令我录用他的一个朋友。我拒绝了，因为择优录取是一个校长最重要的职责之一。那位校董后来对我处处刁难。我认为这种状况并不少见，因为许多校董事会成员借职位之便，居高临下发号施令。

大多数工业化国家里，由选举产生的校董事会非常少见，在上面说到的这个董事会里，成员来历五花八门。他们给人一种可以进行民主参与的幻觉，但实际上，民主参与是无法实现的。

他们当中，鲜有人能带来实实在在的变革，却能毫不含糊地成为拦路虎。他们能做到的是控制细枝末节，也因此淹没在琐碎事务当中。

现在我发现我的公立教育改革之梦是有希望成真的——前提是学校、老师和学生们能够冲破官僚体制令人窒息的束缚。全国各地有许多小规模的一体化教学的学校，许多都是特许学校，有些是区内建立的——它们都争取到了录用教师的自由，并使教师成为学校创办和管理的一支力量。

过去 30 年间，我走过许多州的许多学校。几乎无一例外地，我发现较小、较独立的学校，无论是私立学校，还是实验学校，还是公立特许学校，教师们对自己工作的控制权，都远多于集体讨价还价得来的控制权。

> 现在我发现我的公立教育改革之梦是有希望成真的——前提是学校、老师和学生们能够冲破官僚体制令人窒息的束缚。

在这些学校里，我见到的评价体系是行之有效的，远远好于传统学校。我曾经参加过这些学校的学生作品展，父母、祖父母、兄弟姐妹们、堂兄弟姐妹们把展室挤得水泄不通，因为学生曾经告诉所有人，"你们一定要来看看我的作品。"

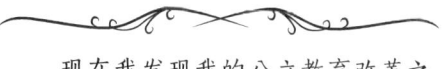

这种透明的新体制下，学生和老师的努力一清二楚，公众参与就有了新的意义。它产生了一种新颖的社区参与方式，定期邀请社区群众到学校来参观学生的成果。另一个很有效的措施就是实习，学生们参加真正的工作，在某个社区成员的辅导之下，学到真正的知识，并不断接触未来要步入的成人世界。

学生各有特色，学校才有选择。不以学生水平高低为标准，随机选择学生能够保证学生的多样化。现在我们可以发现，有些学校在学生之间并不进行能力分组，学生们各自特色分明，而学校仍然可以浑然一体、井然有序。

我的工作地点有一所教育研究生院，师生全面接触从幼儿园到高中的公立特许学校教育，在这个学习者的大圈子里，成年人的学习与青少年学习得以结合。他们的研究范围包括如何在统一教学中，为能力不同的学生进行分层式教学。他们教学法建立的基础是"脑手结合"——通过建构主义、学以致用、不断摸索的教学法来实现文字能力和数学能力的同时发展。

在一个倡导探索与设计、领导力与实践反思的概念框架中，幼儿园到高中的教育与成人研究生教育相结合，这，正是我期待的民主教育。这是可以实现的。

19 利害攸关的渐进式教师工会制度

马克·西蒙

我当过16年高中教师，后任全国教师协会（National Education Association，简称 NEA）一个大型地方教师工会主席12年，最近为许多教师工会担任顾问，推广渐进式教师工会理念。我的工作重心不断转移，从学生到教师，从教师工会到联邦政策，再到教育研究者和智囊班子成员。

以学生为工作重心时，我和学生们为各种理念绞尽脑汁，理念对我们俨然举足轻重；以教学为工作重心时，我背负深刻的使命感和高尚的事业感；以教师工会为工作重心时，我为教师潜能和工作实效之间的差距寝食难安。现在，我正与研究者合作，力图影响联邦教育政策；我开始意识到，新教育政策出台的动机与课堂教学理念毫无关联、与学生和教师的根本利益毫无关联。我的视角在不断提升，但如何改变那些导致低劣教育政策出台的力量，我至今还是难以把握。

我曾认为，教师工会的目标就是提高教师待遇、改善工作条件。现在我认为，待遇和工作条件能否改善可能间接取决于工会能够获得多少信任——他们是否能够帮助教师教得更好、学生学得更好、家长是否能参与学生的学习过程。工会是教师们的喉舌，除了工作待遇和工作时间这些内容，这喉舌不在其他问题上发挥应有的作用是没道理的——即课程设置、授课方式和评价方式。这不是工会功能的改变，而是它的扩展。如果教师想让自己的声音产生期待的影响，代表所有教师的工会组织就必须做出功能上的扩展。

在马里兰州的蒙哥马利县，我担任过两届全国教育协会第三大地方教师工会主席，第一次是从 1985 年开始，为时六年；后来自 1997 年再次担任这个职务，为时也是六年。第一届任职期间，我是一个作风强硬的工会领导，在一个非常草根的平台上，致力于解决相当传统的那些工会问题；第二届任期，我成为一个"新工会主义者"，努力倡导提高教学质量的策略，包括同行评价、职业成长及改进教师评估体系。这不仅是因为当时的新任全国教育协会主席鲍勃·切斯（Bob Chase）在 1997 年提出了"新工会主义"，也不是因为我们工会被邀请加入"教师工会改革网络"（Teacher Union Reform Network，简称 TURN）。对我来说，主要是因为我意识到一个问题：如果工会领袖不号召通过改革来维护教与学的诚实可靠，一定会有别人带着非常不同的观念来填补这个空缺。反之就会出现泰勒式的把教师和学生挡在课程体系之外的"反教师"策略。早在 20 世纪 90 年代初期我们已经意识到，如果教育者们不去主动解决那些棘手的问题，非教育界的人就会跳出来，提出由意识形态驱动的伪改革措施。我们低估了新千年里改革公立教育的任务带来的某些人的自以为是。

现在，反教师、反工会的改革措施反扑而来，作为事后之明，我认为，始终作为少数派的渐进式工会改革者步伐太慢、太晚，也太不果断。但是，希望工会使命得以扩展的想法是对的。工会不仅有义务为缴费会员狭窄的个人利益而奔走，更有义务从教师的角度出发，为公共利益而努力。从那些最德高望重的教师的角度来看，工会对于公众和年轻会员还是非常值得信赖的；教师工会领袖如今面对的挑战，是超越过去的工业化模式，不要再袒护最薄弱的环节；不要再深陷过去的窠臼，以至于阻碍能够让最优秀的教师也为之骄傲的、经过深思熟虑的改革日程革除弊端。

举例来说，我们在本地创设了一个全新的管理机构，叫作教与学委员会（Councils on Teaching and Learning），组织各年级教师商讨课程设置、教学方法、评价体系等问题，以此对该地区教育政策形成推动力。或者，再举个例子，得知该地区计划重组一个差校时，工会带着自己的重组计划介入。现在回顾起来，这些做法都是行之有效的。茱莉亚·考比奇（Julia Koppich）和查尔斯·T.克其那（Charles T. Kerchner）在《思想统一的工作者》（*United Mind Workers*）、达令·哈蒙德（Darling-Hammond）在《教育和美国未来的国家教育委员会》（*National Commission on Teaching and America's Future*）这些书中，开宗明义地提出了支持我们的理论。我们的所作所为正在形成一个崭露头角的理论，多希望过去我们曾经以更多著作为它的发展提供支持和巩固。

现在我同时与全国教育协会（NEA）和美国教师联合会（American Federation of Teachers）合作，努力帮助地方教师工会和全国工会培育渐进式的工会领袖。

这就意味着以不同方式的运作、分配人力物力以及与教师沟通。工会不能再站到改革对立面，而是必须成为支持改革最有力的先遣队——前提是改革路线必须正确。

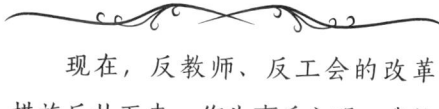

> 现在，反教师、反工会的改革措施反扑而来，作为事后之明，我认为，始终作为少数派的渐进式工会改革者步伐太慢、太晚，也太不果断。

我还曾经认为，伟大的教育就是热情投入加信任学生的能力。现在我知道，只要相信所有学生都有学习能力，教师就可以有教无类，这不过是一厢情愿的空想而已，是损害教育这个职业的最大谎言。当然，只要条件合适，所有学生都能达到较高的学习水平，但是，如果是质疑教育的人拿这个信条作为诘责教育者的武器，我们就应当警惕。

我承认，我很珍惜作为一个教师的自主权，那样我们才能有活泼生动的课堂。但是我不敢断言，我没有因此而在知识传授中缺斤短两、糊弄学生。现在我想，许多像我这样的教师虽然怀着良好用意、热情投入，但是很多人想在教几年学之后去找一份"真正的工作"，其实是延续了一个流传已久的错觉，认为教学经验、职业技能和必须掌握的基础知识根本无足轻重。

要培养一个好教师，必须假以时日。骄傲自恃、认为凭借盲目的热情就能做好教育，其实是在自欺欺人。教育需要很高的组织和筹划能力，对教育艺术深入的了解，以及在任何教育场合、应对任何类型学生都得心应手的丰富的策略。

我一直在提倡给教师提供系统的帮助，形成职业化的教育技能和能够表述"何为优质教育"的统一语言，以便让教师和管理者们能够讨论课堂上的教学尝试和有效程度。现在我比当年教高中社会科学的时候更加清楚地意识到，教学的确是一门深奥的科学。好学校和差学校之间最大的不同，是它们能在多大程度上，在尊重教师的前提下，系统规范地培育良好的教学能力。在我当教师的时候，我都没意识到这些。实际上，"教学提高研究"（Research for Better Teaching）项目主持人乔恩·赛菲尔（Jon Saphier）在《驾轻就熟的教师》（*The Skillful Teacher*）一书中开发的提高教学水平的语言、劳伦·莱斯尼克（Lauren Resnick）和艾伦·穆瓦（Ellen Moir）提出的供教师和管理者使用的教学艺术因素描述方式[1]，我都是靠自己的摸索才获得的。

让教师具备统一的职业语言也使我第一次明白了贬低教学的艺术性和职业价值的后果。让教师武装起头脑的另一面，必然是对他们严格要求，这就又回到了我们前面说过的教师工会的职责。

> 现在我知道，认为只要相信所有学生都有学习能力，教师就可以有教无类，这不过是一厢情愿的空想而已，是损害教育这个职业的最大谎言。

在这场关于教育的大辩论当中，有一个声音缺席了。但是我发现，要填补这个空缺，我们现在对问题的关注还远远不够。作为教师工会主席，每天早晨醒来，我都知道，在这个职位一天，就必须认真履职一天。每个教师都希望有一个有影响力的代表在会议上或者学校的官僚体系里为他们代言。而一个工会领导每天所做的，可能不过是服务于事不关己的机构、签署漠不关心的教育改革措施、形式化地走走辩论的过场，像漫画里讽刺的那样，为教师利益鼓噪一通。

我曾经认为拿出工会领导的派头发号施令就足以完成工作。现在我认为，制定计划使学校管理体系更有效、学校更卓越；改正导向有误的问责制度——然后为这样的愿景而竭尽全力地拼搏，才是每个教师工会当选领袖和每个员工的职责。

最理想的是以这个愿景来激励教师严格要求自己。抵制住雇主们缺斤短两、蒙混顾客的行为，19 世纪和 20 世纪的手工业工会牢牢守住了工艺水准的诚信底线，它们对于现在的工会组织是绝佳的榜样。

教育领域里要做的决定更为复杂，塑造的产品不是小物件而是人，因此，我们的确应当借鉴从前的手工艺工会机构的要求。

渐进式工会领导就意味着教师们参与诸多工作，从改进教师评价和职业培育体系，到帮助新手教师为成功的教学打下坚实的基础。这意味着向自己提出最艰难的挑战，包括如何帮助后进学生达到理想水平，也包括对当权者实话实说，以免他们一番不着边际的空谈或者乱发脾气之后就甩手走人。现在教师工会颇受诘责，但是我们不能因此就愤而护短。教师工会领袖不是三头六臂，我们也并不是全知全能的，所以需要联合研究领域的力量，甚至于批评我们的人，让我们锤炼得更富有智慧。无论在位时间多长，我们都应该带着工会其他领导成员一起，突飞猛进地实现自我提升，以面对我们在工作中大胆探索必然带来的挑战。

回顾我作为工会领袖的里程，我深深感慨在任的时间倏忽而过，为努力争取控制公立教育改革日程、保证联邦政府的政策不会带来负面效果而到白宫去为教师们演讲的机会转瞬即逝。下一代教师工会领袖要面对的问题将更加严峻，但是他们也同时面对更多机会，可以重塑渐进教师工会组织，为其添砖加瓦。

20 反　思

马歇尔·S. 史密斯

我的反思与这本书"曾经认为……现在我认为"的模式不太一致[1]，可能反映了我头脑一定程度上的糊涂。但是，在过去和现在的思想之间，我的确看不出有明显的区别。尽管如此，我还是找出过去45年间自己写的文章和书本重读了一遍。我发现，对于政治统治、政策或其他改革领域，我还是没能悟出什么真谛。对研究的内容和努力的事情，我心里既留有悲观怀疑也保持乐观期待。这可能是因为出现了新的研究成果，或者由于政策环境的改变、由于对于政策如何发展、如何实施我有了更多体会，改变了我的观点。但愿这些改变是因为我的智慧略有增进。

从个人角度来说，所见所想使我更加意识到，虽然经济衰退、竞争力下降、执政能力堪忧让整个民族举步维艰，但是对于教育，这可能是个特殊的发展时机。我们总是在谈论如何增加低收入家庭和少数族裔家庭孩子受教育的机会，但是仍然任重道远、成绩微薄。要成为一个21世纪有竞争力的国家，我们的总体教育成就和学术水平还都相当欠缺。

尽管挑战重重，真正意义的变革还是有希望实现的。过去几十年里，我们掌握了大量教与学的知识，了解了如何改进教育机构、如何利用科技促进教育。更重要的是，在过去两年里，尽管联邦和州在政策执行中遇到种种阻力、经济形势严重低迷、人们关于如何推动教育争论不休,但是,感谢那些坚持不懈的教育者们,我们看到教育领域出现了诸多令人振奋的迹象。许多教育者坦承过去的失误,努力推陈出新,始终提倡严谨缜密的突破。总体来说,这些相比过去都是极大的进步。

上大学时我的专业是现在普遍称为早期认知科学的部分心理学领域,第一份工作是为个人使用的固态电脑编程,研究生学位是测量和统计硕士。我一直对语言和文学的学习和教育特别感兴趣。我曾任教三所著名大学,在其中一所担任系主任,在另一所负责一个研究和发展中心;我在一个大型基金会开展了一个教育研究项目;在联邦政府工作了15年,主要研究过去三届民主党政府的重要政策职能。

开始接触教育政策,是因为受到专门研究种族隔离问题的知名社会心理学家汤姆·佩蒂格鲁(Tom Pettigrew)和丹尼尔·帕特里克·莫伊尼汗(Daniel Patrick Moynihan)的影响,以及为时六年、跟一班各具特点、才华横溢的同事们共同进行的深度分析和写作。我们的研究内容是科尔曼报告数据(Coleman Report data)(即"教育机会公平度调查")、西屋-俄亥俄州启蒙计划数据(Westinghouse-Ohio Head Start data)以及启蒙计划和后续半实验研究数据(Head Start and Follow-Through quasi-experimental studies data)[2]。

研究结果充满大量无法解释的变量:家庭环境、生活贫困、文化特点对学生学习成绩存在明显而深刻的影响;技术、社会、教育手段,包括教育科技、绩效工资、班级和学校人数调整、教师培训对学生学业水平反而未见显著效果;包括第一条在内,诸多中小学教育法(Elementary and Secondary Education Act,简称ESEA,又译"初等和中等教育法案")项目采取的既有限又复杂的纲领性干预效果差强人意;对这些现象的理论解释十分匮乏——这些无不使我震惊。

我将从三个话题角度进行分析——方法论、政策和"伟大创意"——这些影响广泛而且传播甚广的"改变游戏规则"的政策或者干预手段。在每个领域,我的观念都随着时间而逐渐发生了改变,有时候,我的态度也会出现颠倒反复。

　　研究中积累的大规模数据使我对于有些政策研究的标准方法论形成了警惕态度。从早期工作开始，我就质疑由调查数据产生的言之凿凿的结论和大多数教育产品功能的可信度，因为那些研究的变量和模型无不水平低劣、界定松散、衡量马虎——还有用来理解变化可能性的变量百分比也难以让人信服。那些看一眼就能推测出结论的研究和报告使我越来越失望。那些文章无须读完，因为满篇说来说去无非是服务于作者坚定不移的预设观点。后来，我开始怀疑大部分无理论基础的研究，包括定量的、定性的、归纳的、实验的和非实验的研究，这些研究的实验者声称自己对实验结果并没有先入为主的前见；然而最后明显可以看出，教育研究者毫无兴趣实现外在效度，或者扎实、系统地累积知识，让我深深失望。因此，我建议我的学生在读文章的结论之前，先读那些表格和脚注，用数据自己得出结论，而不要被文章作者所做的分析误导。

> 那些看一眼就能推测出结论的研究和报告使我越来越失望。

　　最近有个使我关注的现象，是理论基础上的探索正在增多，研究者明确提出研究或评价所依赖的理论或者模型、检验理论的运用并衡量预计的研究成果。此外，许多人认识到，科研没有在所有条件下严格照搬的金科玉律，深刻理解具体研究行为才能让我们明白当环境变化时如何灵活地变通；这就要求我们将理论付诸实践，检验效果，考虑如何对其在不够完美的情况下进行适应改造。

　　其中一部分工作要借助工程专业的"快速发展"文献要求研究者在理论的具体应用中对其进行提高改善。因此，研究者需要考虑环境的变量，对未曾预料的变化给出严谨的、及时的反馈，以便纠正设计中的缺陷。这些方法拿到许多不同的环境中使用时，就会逐渐解决外部有效性、政策实施和具体应用等其他严重问题[3]。现在，卡耐基基金会的 Statway 项目中正在进行的"教学提升"（Advancement of Teaching）工作就是这个方法的一个例子，另外还有一些成功的例子，例如"让每个人都成功"（Success for

All）和"美国之选"（America's Choice）综合学校模式等做出的持续不断的改进努力。

谈到政策——一切取决于该政策是什么内容，由谁来控制，如何实施。我曾经认为某些联邦政策在解决某些问题上还是有效的。20世纪60年代，所有从事教育的人都曾深信不疑，联邦的数个教育措施将会从根本上改变教育。我们许多人都相信，1965年签署成为法律的《中小学教育法》的初始版本非常明智，它建立在研究基础之上，并且远离了政治利益的牵制扭曲。根据第一条，决案对低收入学校和后进生大量拨款，对地方创新提供支持，建立了基础研究设施，为学校和州教育局提供资源以提高工作能力，并通过对最主要教育项目的成果进行的地方评估来实现问责。还不错！看来在过去45年间，我们的工作重点似乎也没有发生太多改变。

然而，我的热忱很快就消散了。从科尔曼报告数据得出的结论使我们质疑主要联邦项目究竟能够带来多少成效——60年代末、70年代初全国范围内对第一部分第一条的首次评估加重了我们的质疑。70年代伯曼和麦克劳克林（Berman and McLaughlin）对其他联邦项目实施效果的研究再次验证，我们的质疑不无道理[4]。

尽管我曾经在1978年和1994年深度参与再授权《中小学教育法》两个收效显著的主要项目，但是我对第一部分第一条"基本补助项目"的有效性始终持怀疑态度[5]。为使一个业已存在的、复杂而庞大的补助项目更加有效，我们付出了很大努力。这个项目已经在教育领域汇聚了大量的支持者，并且作为美国关注低收入家庭儿童的标志性努力已经深入人心，要提升效果并非易事。

不幸的是，我认为，这个项目的价值，很大程度上是象征性的，并且当初项目设计之时预期解决的问题至今仍然盘根错节。

第一部分第一条的基本补助项目是最广为人知的《中小学教育法》联邦项目，同时施行的还有大量的其他K-12项目，由联邦教育局进行管理，年复一年，收效同样值得怀疑。为什么这些项目都不起作用？理查德·埃尔莫尔揭示了一个关键原因：如同其他一些国家一样，不论是在地方、州、还是联邦一级政府，关于学校的许多核心决策都是由政客而不是教育者所制定的，而且经常是由意识形态却不是实际问题来推动的[6]。这样的后果就是许多项目在规划中令人发指地缺乏理论基础，执行中缺少连贯性。更糟糕的是，项目设计拙劣，为了和与之配套的法律能说得通，相关规定通常烦琐难解。

要让地方一级以上的政府不断进行自我更正是不可能的，因为联邦和州的教育部门人员习以为常的是监督下级俯首听命，而不是帮助改进项目的不足之处。因此，最后的结果往往是说法雷声大、效果雨点小。具有讽刺意味的是，几乎每个人都很清楚这些项目收效寥寥。不管是共和党的政府班子，还是民主党的政府班子，不是处心积虑地在任期内把K-12的项目和高等教育的项目刷掉四五十个，就是要加强四五十个。但是，每隔五到八年，到这些项目的再授权之时，真正实现的改变寥寥无几。虽然实际收效使人怀疑这些项目究竟价值几何，但在强权利益的保护之下、在国会政客的推动下，这些项目仍然继续存在，我行我素[7]。

旨在实现广泛结构改变、而不是支持边缘的程序化改变而制定的联邦政策看来产生的作用更大一些。布朗诉堪萨斯州托皮卡地方教育委员会案、第九章、《残疾人教育法》（Education for All Handicapped Act，简称EHA）等事件和政策法律的核心内容对教育机会平等已经产生了强大的积极影响，而且后两者的影响尤其持续深远。

以上这三个事件中的政策落实都不够完美，甚至可以说，对许多人来讲是不尽如人意的。但是，每个事件中的政策都实实在在地、可圈可点地改进了不同数量的学生所处环境的基本规则。

具有讽刺意味的是，几乎每个人都很清楚这些项目收效寥寥。

我们把这些改变拿来跟第一部分，基本补助项目的核心篇第一篇的实施来对比一下，第一篇完全是在系统限定的范围内运作，它的实质是对教育资源层面的大量增长进行约束；这个约束结构既不合理，也没作用；整体结果，就是对提高学生学业水平的促进效果非常有限。

讽刺的是，从 1994 年开始，第一条项目促生了教育政策中一个积极、持久的改变。自 1994 年起，各届政府都能运用第一条划拨的资源进行认真的、全系统的改变，影响范围涵盖全国所有学校，而不限于项目中提及的那些。《中小学教育法》（1994）修订案第一条实质上要求各州为所有学校采用相同的内容和绩效标准，以及配套的评估和课程设置。

到 1999 年，几乎所有州都启用了联邦标准，在评估、课程设置、州级问责制和教师职业发展方面出现了切实的改变。因为关系到第一条中所规定的资源配置，每个州都非常重视，因此各州各校都进行了实实在在的结构性变革，有些是出于愿望而实行改革，有些倒不一定是第一条的纲领性实施起的作用，而是别无选择。

《中小学教育法》（2002）修订案的第一条《不让一个孩子掉队法案》（No Child Left Behind，简称 NCLB）延续了对州标准的要求，大量增加了评估的数量，增添了通用于各州的强硬问责手段。1994 年、2002 年两次在第一条中体现的《中小学教育法》修订是针对整个教育系统的，而不是仅仅针对低收入学校，这些修订要求地区和学校转移注意力，1994 年的要求是从投入转向"投入和效果之间的平衡"，2002 年基本从投入转向了效果。从 1994 年到 2002 年的国家教育进步评估（National Assessment of Educational Progress，简称 NAEP）结果显示，1994 年的修订案使学生学业水平有了显著的提高。

自 2002 年《中小学教育法》修订之后，国家教育进步评估的成绩提高率有所下降，可能是因为《不让一个孩子掉队法案》大大增加了测试的次数，测试使问责制不仅在宣传上、也在实效上更具重要性，打乱了过程和结果之间的平衡。

学校的本职工作就是教与学，然而问责削弱了本来对教与学持续的、必须的支持。最近，美国联邦教育部通过了《美国恢复与重构法案》（American Recovery and Restructuring Act）以及它势不可挡的 43 亿美元"力争上游"教改计划（Race to the Top，简称 RTTT），再次引起了州政策和预算行为的变化，这次的各种转向是为了换得更多机会获得大额竞争性资助。这个举措一实施即见成效，许多州通过了新的教育立法，并且（或者）为了提高自己获得"力争上游"拨款的机会，在参加竞争前就改变了预算分配。另外，"力争上游"促使所有竞争者使出全身解数，不论结果是输是赢，都为了某个系统的改革目标而全力以赴，并且开发、实施一以贯之的长期改革方案——对许多州来讲，还是破天荒头一次。有些人对教育部通过竞争机制来激励改革的做法提出质疑，批评有些州政策改变的动机不纯，只是为了从教育部获得资金。但是我认为，事实上不是教育部选择了"正确的"政策去激励，而是每个州的政策由于激励机制而发生了改变。这种形式的激励机制比较有效，而且相对成本较低。

　　这些现实情况使我意识到，要让联邦的决策行之有效，这样的战略措施是可行的：制定严格标准、设立清晰目标、运用资金杠杆、促成全体系内的机会，乃至于促成将来具体课堂教学的改变。联邦教育部门的领导权力可以用来形成激励机制——必要时，晓之以利——以地方是否接受和执行某政策来决定资源的去向。为支持新措施，国会可能承认主要用于地方和州级 K-12 纲领性行为的超过 200 亿美元拨款大部分没有用到刀刃上。撤掉这些行之无效的项目，替换上支持综合州政策的资源，例如特殊教育的资源，以及给那些已经做好学生人均资金分配规划的州提供整体支持，才能保证资金使用有的放矢。再例如，有了实践数据和其他证据，这种新的战略途径也可以刺激和支持持续的改革努力，而不是硬要在学校里和教师间推行自上而下的问责制。在许多州，要使新体系获得认可，提高效果，还有漫漫长路要走。

　　联邦教育部门的职能转变了，州教育部门的职能也可能转变。联邦的激励措施得到精简，各州也因此不再需要监督几十项联邦项目的执行，这将为州教育部门提供 75% 的所需经费。联邦资金能够帮助州教育部门完成改革，同时帮助他们节省大量的原本用于配合上级政策的资金。联邦教育部门和州教育部门在许多方面的合作，例如应要求而提供的一般性支持资源以及所需的知识和专业技能等，可以极大地提升地方教育决策的质量。

各州都在合理调整对于学生的期待，对于上述的转变是一个有益的补充。目前可以说，由独立国家机构组织非政府专家制订的新的《共同核心标准》已经使课程设置更加有连贯性、评价手段更加有效（因为各州不必独立拨款来建立自己的评价体系），也使得教育领域更方便创新、更容易带来普遍的改革。推陈出新、携手合作，使改革措施得以落实，不论对于联邦政府还是州政府，都具有非常重要的意义。

人的视角是随着经历和机遇而形成的。从大学研究转到政府工作，再到大学、又回政府、然后去基金会、后来再度回到政府，我的工作岗位一直在变化中。很幸运，我有机会学习并在政府工作，践行我所学的内容；也许更重要的是，我有机会跟了不起的研究者和实践者们肩并肩地沟通。

回顾过去和现在，我发现我的思想可以说是在不停地被外界变化所牵引，或者——说得好听点——是在点滴进步，因为我始终在追求如何更加深刻地理解什么样的改革或者干预、或者创意会有助于提高学生的学业水平，尤其是那些来自贫穷家庭的孩子。"激情"、"创意"、"打破陈规"——之所以有人提出这些，就说明某些条件、某些行为还是存在的，而且一定会有实实在在的成效，始终坚实可靠、影响深远，不受环境变迁的左右。

60年代后期，我认为科尔曼数据里提到的学校社会阶层构成是一个很关键的因素，对学生学业成绩高低有独特的意义。科尔曼数据显示，在主要以中产家庭子女为主的学校里，低收入家庭的子女成绩都较高。到70年代早期，我得出一个结论，将不同收入的家庭子女纳入一个学校在政治上是不可行的。但是，原来的观点仍然具有存在价值，而且随着教育经费机制的改变，可能在某些地方生根发展。

我把注意力转移到了课堂教学，以取代过去让孩子改变学校选择这种结构性教育改革。分析"开端计划"（Head Start）以及"跟进到底计划"（Follow Through Project）的研究资料之后，我对"直接讲授项目"（Direct Instruction programs）进行的学龄前和小学低年级的结构性教学产生了浓厚的兴趣，这个项目致力于让学生在基本阅读技巧方面达到更高的水平，在早期教育中取得了积极的成效。

读了巴兹尔·伯恩斯坦（Basil Bernstein）的书，我的观点有了改变。伯恩斯坦是一位英国社会学家，他发现在 60 年代的伦敦，来自低收入和中等收入家庭的孩子语言风格有显著的差别。来自低收入家庭的孩子语言风格比较单调，而家庭状况好些的孩子语言风格相比较就精致得多。

他们的语言在词汇量、口语表达、句子结构上都大相径庭。精致的语言风格来自学校，没有这种风格的语言，成功就很难想象。

还有一些研究资料表明，来自低收入家庭的孩子到四年级以后阅读成绩有所下降，而且成绩下降是在夏季；而来自中等收入家庭的孩子成绩则很稳定，或者有所提高。因为在学业评估中，四年级和以后的年级比前面几年更注重衡量阅读理解能力；由此看来，四年级学生成绩下降似乎源于学生之前在校接触的大量口语表达、口语词汇和这类内容。对众多家庭的观察也验证了这个看法。因此可以推测，以上就是夏季以来出现学习结果差别的原因[8]。

1974 年，我在美国教育研究院（National Institute of Education，简称 NIE）与卫生教育福利部合作开展了一个阅读项目，这个阵容里还包括乔治·A. 米勒（George A. Miller）和赫伯特·西蒙（Herbert Simon），他们两位都是早期认知科学的领军人物。项目的主要研究内容是阅读理解和丰富的口语及书面语对学生的重要意义。随着工作的进行，我们发现数据分析的结果和认知理论形成了呼应。从我的角度来看，这些分析都指向一点，就是应该让低收入家庭的孩子及早进行词汇输入、接触丰富的口语环境、独立或由成人指导阅读内容充实的文章、在学校期间花更多的时间学习，以此作为主要的策略来抵消生活环境对他们阅读水平的负面影响。

接近 70 年代中期，我的工作环境有所变化，受聘于卡特政府担任一个决策职务。70 年代末期，《中小学教育法》的第一条重新授权之时，我主张第一条里导致抽离充实式学习（pull-out）的条款内容应当予以修改。但是远超过 50% 需要额外阅读教学的学生被"抽离"出课堂，进行单独教学，他们的教师往往是没有资质的。造成这种现象的原因，是一个看起来非常荒谬的管理结构，不仅导致此类学习时间不足，而且使学生不得不落入资质不够的负责"抽离"的教师手中。有资质的教师不怎么关心这些学生，因为法规使他们可以袖手旁观，认为自己已经不必对那些最需要帮助的学生的成绩负责了。有鉴于此，我们提出，在贫困地区的学校里，所有学生都应当能获得第一条提供的援助服务，联邦政府的项目资源应当惠及整个学校。对于学生预期要求的放松（学校的贫困生比例较高）就意味着学校教师应当做到依据学生的具体需求和整个学校的需求来调整项目和整体要求。我们已经设立了一种机制，可以对贫困生最多的学校放松约束和规范，此举从理论上讲，可以允许他们有创造性地适应学生的需求。对第一条的这项改革被称为"全校教育"。支撑我们这种观点的，是来自十年当中美国教育研究院（NIE）一项关于学校内学业水平均衡研究的结果。

这个"全校教育"的方式后来演变成了效能学校运动（Effective Schools movement），我也参与其中。80年代早期，我和斯图亚特·布尔基（Stewart Purkey）经过对研究文献诸多角度的分析，共同撰写了三篇文章，强调全校协作的教育风格和有助于形成效能课堂的连贯政策的重要意义。

> 我把注意力转移到了课堂教学。

我们还提出，学区和州应协调一致，关注和支持"全校教育"的实践。

在80年代末，我调去斯坦福大学，与詹妮弗·欧第（Jennifer O'Day）合作撰写了一系列文章，提出了我们称为"系统改革"（systemic reform）的理论，后又改称"以州标准为基础的改革"（state standards based reform）。我们的结论是，教育系统改革不能在每个学校各自为战，对于教育质量，必须有高瞻远瞩的均一标准，这个标准只能由各州牵头制定，或许在联邦政府支持下才能形成。这个途径的主要理念就是步伐一致（或者说均衡整齐），想要办成有效能的学校就需要大致相同的工作内容——用同样的高标准使课程设置、评估体系和支持体系做到协调一致。

这些标准定义了学生应当知道什么、能做什么，给教育体系设定了目标，从而成为协调一致过程中的驱动力量，也将是衡量改革进步程度的参照标准。

90年代早期，克林顿政府执政期间，我有机会得以帮助起草这个政府班子重新授权《中小学教育法》的提案，这个提案在1994年获得通过，被称为《改革美国学校法》（Improving America's Schools Act）。这个1994年法案的第一条要求每个州都要创立或者改变自己的教育改革内容和绩效标准，以这些标准为准绳，重新调整他们自己的评估体系和资源。

我们的结论是，教育系统改革不能在每个学校各自为战，对于教育质量，必须有高瞻远瞩的均一标准，这个标准只能由各州牵头制定，或许在联邦政府支持下才能形成。

州标准基础上改革的完成情况在各州出入很大，在许多州，受到州和地方政策的多方掣肘，落实十分缓慢。然而在六年中，几乎所有州都形成了自己的标准，在整合资源方面取得了很大的进展。教学内容和绩效标准可以作为富有挑战意义的目标，以新框架的形式组织教与学的确让人受益匪浅。随着改革持续开展，我也更加深刻地理解了教学内容和绩效标准的系统一致性是多么的重要。在开展以州为基础的改革的早年间，测试要求还不到现在的一半，问责机制的设置是用来支持学校的。从90年代后期到大约2005年，我过去对于教育的很多想法一一得到了验证。通过约束性的立法进行的传统教育改革政策一般是起不到什么作用的，除非它能改变整个教育系统或者从本质上改变一个班里学生能获得的机会。通过提出有挑战性的目标，在学校、校区、州、联邦政府等各个层次的协调一致至关重要，对此我坚信不疑。我还更深刻地意识到，这个努力必须和本地的适应能力相平衡，并且各地政府必须理解，改革措施的落实是极其关键的。

我们不能再想当然地认为，一旦通过了一个政策，接下来它就能得以缜密细致的实施。良好的实施成效需要大量时间才能实现，有时候，甚至是筚路蓝缕、举步维艰。如果我们忽视了改革的难度，就不可能带给学生不断成长的机会去学习并一步步走向成功。

新千年的头十年里，我担任休利特基金会（Hewlett Foundation）教育项目的主持人，因此得以对上述的一些结论给予资金支持和推广。在其过程中，我观察了美国长滩港和新加坡的持续教育改进措施，更加了解了持衡和专注的意义。在富有建设性、考虑周密的改革中出现的核心问题，只有经过坚持不懈的长期努力才能够得以解决。我们因此呼吁各州建立自己的数据体系，不要执着于下级言听计从的执行或者惩罚性的问责，而要着眼于稳扎稳打的长期进步。

此外，我又一次专注于研究语言能力的重要性，同时研究的还有科技对促进教育效果能够起到的巨大潜在作用。到2005年之前，我们已经得到十分确凿的依据，可以说明大词汇量、丰富口语和学校语言大量不同交流内容的重要性。如果没有这些方面的经历及储备，学生最终将难以阅读和理解复杂深刻的文本。同样有很多迹象表明，比起来自中等收入家庭的学生，来自低收入家庭的学生较难获得这些资源和经历，以形成保证学业成绩稳定的语言能力。

研究数据是十分有效、令人信服的。如果学生在入学前没有机会学习和交谈，开始接受学校教育时就会十分被动，也不太可能在放学后、周末或者假期来弥补这些必须的内容。有可能到三年级时他们能学着进行分析，但那时因为没有丰富的词汇量、没有随之而来的知识内容，到四、五、六年级时他们无法理解语文、社会科学、数学和科学等等内容。随之而来的是他们失去信心、进而听天由命。作为一个民族，要从根本上改变个人成就的鸿沟，解决这个问题是非常必要的。这个问题的解决，有可能成为突破点，起到四两拨千斤的作用。

讽刺的是，我们对此都心知肚明，却不愿全心全力去采取措施，系统地改变这个现状。我们致力于寻找捷径、寻找立竿见影的方法，倾尽全力支持初高中的扫盲计划，其结果只是帮到了一小部分学生，而将大量学生甩在后面。我们经常做的就是事后聪明。

最后，要谈到科技。我始终相信，信息科技迟早将使教育得到大的改观。当我们走过接下来的10年回望时，我们会发现那是一个科技担纲教与学最重要工具的年代。20世纪70年代，我用过一部柏拉图电脑

（Plato），这部电脑让我获得直至新世纪的到来都无法超越的优质教育资料。80年代早期和2000年，我发表论文提出当时还未被重视的科技力量多么值得期待。在休利特基金会工作时，我们对开放教育资源（Open Education Resources，简称OER）的发展和使用提供了支持，这些资源包含了免费、可循环利用的内容和工具。OER是免费资源，这带来了不分对象、不分时间的教育机会。同时它也是可循环利用的，因此可以在使用中进行调整，例如随着文化和语言的变迁而做出改进。但是不论信息技术资源免费还是收费，我相信我们都还处在一个巨大的潮流的发端之时，未来它对于教育方方面面的影响不可估量。在网络上，我们能找到许多公平竞争的课程，这些课程提高学生学业水平的作用通常要远远好过许多教师；还有许多科学的模拟演示，全都是公开、免费的；以及收费的学习游戏，和其他以网络为依托的语言、艺术、音乐、科学、数学和历史教学手段。年轻一代早已拥抱了科技——那么科技的广泛教育运用就是指日可待的事情。只要我们平心静气地对待，就能将现代科技的力量和作用结合到连贯的、有挑战性的全国课程设置中，结合进需要早期语言能力培养的孩子的学习中，还有那些热爱学习、勤学不辍的成年人的学习中。教育科技必将带来令人难以置信的改变。

注　释

引　言

1. 见 www. pz. harvard. edu/vt/visibleThinking_html_fi les/VisibleThinking1. html.
2. Richard Elmore, " 'I Used to Think..., and Now I Think' : Reflections on the Work of School Reform," Harvard Education Letter 26, no. 1 (2010).

第一章

1. Jean Anyon, "Adequate Social Science, Curriculum Investigations, and Theory," Theory into Practice 21 (1982): 34–37.
2. 同上，34.
3. Jean Anyon, "The Retreat of Marxism and Socialist Feminism: Postmodern and Poststructural Theories in Education," Curriculum Inquiry 24, no. 1 (1994): 115–133.
4. 同上书，116.
5. Jean Anyon, "Social Class and the Hidden Curriculum of Work," Journal of Education 162, no. 1 (1980): 67–92; J. Anyon, "Social Class and School Knowledge," Curriculum Inquiry 11, no. 1 (1981): 3–42; Jean Anyon, Ghetto Schooling: A Political Economy of Urban Educational Reform (New York: Teachers College Press, 1997); Jean Anyon, "What Should Count as Educational Policy? Notes Toward a New Paradigm," Harvard Educational Review 75, no. 1, (2005): 65–88.
6. Jean Anyon, Radical Possibilities: Public Policy, Urban Education, and a New Social Movement (New York: Routledge, 2005).
7. Anthony Giddens, New Rules of Sociological Method: A Positive Critique of Interpretive Sociology (London: Hutchinson, 1976); Anthony Giddens, A Contemporary Critique of Historical Materialism (London: Macmillan, 1981).
8. James C. Scott, Domination and the Arts of Resistance: Hidden Transcripts (New

Haven, CT: Yale University Press, 1992).
9. Michel Foucault, The History of Sexuality: An Introduction, vol. 1 (New York: Random House, 1976).
10. 同上.
11. Jean Anyon, with Michael Dumas, Darla Linville, Kathleen Nolan, Madeline Perez, Eve Tuck, and Jen Weiss, Theory and Educational Research: Toward Critical Social Explanation (New York: Routledge, 2009).

第二章

1. James C. Scott, Seeing Like a State: *How Certain Schemes to Improve the Human Condition Have Failed* (New Haven, CT: Yale University Press, 1998).
2. 全部评估结果请见 www.annenberginstitute.org/WeDo/Mott.php.
3. Charles Payne, *So Much Reform, So Little Change* (Cambridge, MA: Harvard Education Press, 2008).
4. Richard J. Murnane and Frank Levy, *Teaching the New Basic Skills: Principles for Educating Children to Thrive in a Changing Economy* (New York: Free Press, 1996).
5. Diane Ravitch, *The Death and Life of the Great American School System* (New York: Basic Books, 2010).
6. Robert H. Wiebe, *The Opening of American Society* (New York: Knopf, 1984), 309.

第四章

1. Barack Obama, State of the Union address, January 25, 2011, www.npr.org/templates/story/story.php?storyId=123043805.
2. Larry Cuban, *How Teachers Taught: Constancy and Change in American Classrooms, 1890–1990*, 2nd ed. (New York: Teachers College Press, 1993), and *Hugging the Middle: How Teachers Teach in an Era of Testing and Accountability* (New York: Teachers College Press, 2009). 有关改革推动的机构设置对课堂实践几乎没有任何影响方面，其他研究人员得出了类似的结论。如，Richard Elmore, "Structural Reform and Educational Practice," Educational Researcher 24 no. 9 (1995): 23–26.

第八章

1. Douglas Biklen, Diane Ferguson, and Allison Ford, eds., *Schooling and Disability*:

Eighty-Eighth Yearbook of the National Society for the Study of Education, part 2（Chicago: University of Chicago Press, 1989）.

2.《2004 年残疾人法案》（第 601. C 条第 IA 款）（Title IA Section 601. c）.

3. Mary Wagner et al. , "The Early Post-High-School Years for Youth with Disabilities," in *After High School: A First Look at the Postschool Experiences of Youth with Disabilities; A Report from the National Longitudinal Transition Study-2*（*NLTS2*）（Menlo Park, CA: SRI International, 2005）, www. nlts2. org/ pdfs/ afterhighschool_chp1. pdf.

4. Lauren I. Katzman and Thomas F. Hehir, *Effective Inclusive Schools*（San Francisco: Jossey Bass, 即将出版）.

5. Richard F. Elmore, "Education and Federalism: Doctrinal, Functional, and Strategic Views," in *School Days, Rule Days*, ed. David L. Kirp and Donald N. Jensen（Stanford, CA: Stanford Series on Education and Public Policy, 1986）, 166–185.

6. Joseph P. Shapiro, No Pity: People with Disabilities Forging a New Civil Rights Movement（New York: Random House, 1993）.

7. Thomas Hehir, New Directions in Special Education: Eliminating Ableism（Cambridge, MA: Harvard Education Press, 2005）.

8. Katzman and Hehir, Effective Inclusive Schools.

9. Wagner et al., After High School: A First Look at the Postschool Experiences of Youth with Disabilities; A Report from the National Longitudinal Transition Study-2（NLTS2）.

10. Diane Elizabeth Smith, "Instructional Practices for Students with Disabilities in Urban Title 1 Schools"（EdD thesis, Harvard Graduate School of Education, 2009）.

11. Katzman and Hehir, Effective Inclusive Schools.

第十一章

1. Howard Gardner, "The 25th Anniversary of the Publication of Howard Gardner's Frames of Mind: The Theory of Multiple Intelligences," http:// pzweb. harvard. edu/pis/MIat25. pdf, 2008.

2. 同上.

3. Jeff Howard, "You Can't Get There from Here: The Need for a New Logic in Education Reform," Dædalus 124, no. 4（1995）: 85–92.

4. Ronald A. Heifetz and Donald L. Laurie, "The Work of Leadership," Harvard Business Review, July–August 1997, 124–134.

5. Richard DuFour, Rebecca DuFour, Robert Eaker, and Gayle Karhanek, Whatever It Takes: How Professional Communities Respond When Kids Don't Learn (Bloomington, IN: Solution Tree, 2004), 8.

第十二章

1. Saul Alinsky, Rules for Radicals (New York, Random House, Inc. 1971), 11.

第十三章

1. Ted R. Sizer, Horace's Compromise: The Dilemma of the American High School (Boston: Houghton Mifflin, 1995).
2. Kenneth A. Wesson, "The Volvo Effect," Education Week, November 22, 2002, 34–36.
3. Joan Lipitz, Successful Schools for Young Adolescents (New Brunswick, NJ: Transaction, Inc., 1984).
4. Dennis Littky and Samantha Grabelle, The Big Picture: Education is Everyone's Business (Alexandria, VA: Association for Supervision and Curriculum Development, 2004).

第十六章

1. Dowles 和 Gintis 在其名篇中，以公立学校的现实和约翰·杜威的理想主义形成了鲜明的对比。详见，Samuel Bowles and Herbert Gintis, "If John Dewey Calls, Tell Him Things Didn't Work Out," Journal of Open Education 2 (1974): 1–17.
2. Paulo Freire, Pedagogy of the Oppressed (New York: Seabury Press, 1970).

第十九章

1. 详情请见 Lauren Resnick's Institute for Learning, http://ifl.lrdc.pitt.edu/ifl/; Ellen Moir's New Teacher Center, www.newteachercenter.org/index.php.

第二十章

1. Eugenia Kemble 详细审读了本文初稿并修改校定。我对她表示感谢。我还要感谢卡耐基基金会的教育发展项目和斯宾塞基金会的支持。
2. James Coleman et al., Equality of Educational Opportunity Report (Washington,

DC: Government Printing Office, 1965); The Impact of Head Start: An Evaluation of the Effects of Head Start on Children's Cognitive and Affective Development, vols. 1 and 2 (Athens, OH: Westinghouse Learning Corporation and Ohio University, 1969; Alice M. Rivlin and P. Michael Timpane, eds., Planned Variation in Education: Should We Give Up or Try Harder? (Washington, DC: Brookings Institution, 1975), 184.
3. Anthony S. Bryk and Louis Gomez, Ruminations on Reinventing an R&D Capacity for Educational Improvement, IREPP Working Paper No. 2008-05 (Stanford, CA: Institute for Research on Education Policy and Practice, 2008).
4. Paul Berman and Milbrey Wallin McLaughlin, Federal Programs Supporting Educational Change, vol. 8: Implementing and Sustaining Innovations (Santa Monica, CA: Rand, 1978).
5. Carl F. Kaestle and Marshall S. Smith, The Federal Role in Elementary and Secondary Education, 1940–1980. Harvard Educational Review 52 (1982): 384–408. See comments on Title I.
6. Richard F. Elmore, "Policy Is the Problem, and Other Hard-Won Insights," in this volume.
7. 在我写作本文时，这种情况可能正在改变。美国国会可能正在通过奇怪的方式逐渐取消很多此类项目。
8. 例如，详见 Benjamin S. Bloom, Stability and Change in Human Characteristics (London: Wiley, 1964).

主编介绍

理查德·F.埃尔莫尔是哈佛教育研究生院（HGSE）教育管理者项目（Education Leadership Program）的格里高利·R.安利格荣誉教授，担任该项目博士培养教师团队副主席，到哈佛教育研究生院任职之前，他曾在密歇根州立大学教育学院和华盛顿大学公共事务研究院任教。他是美国教育学院（National Academy of Education）成员，曾任公共政策和管理协会（Association for Public Policy and Management）主席，该机构是美国公共政策和管理专业研究生项目的代表机构。他在联邦政府曾担任教育政策事务与美国国会的立法联络员，目前担任教育政策研究协会（Consortium for Policy Research in Education）主任。埃尔莫尔教授目前正在进行的研究和一线教育工作主要是在成绩落后的学校培养教职人员提升教学水平的能力。他每周至少一天在学校，与教师和管理人员讨论教学水平的提升问题。他与人合著了《课堂教学之于教育：提升教学和学习效果的网络化途径》（*Instructional Rounds in Education: A Network Approach to Improving Teaching and Learning*）（哈佛教育出版社，2009），独立著作《从内到外的学校改革：政策、实践和绩效》（*School Reform from the Inside Out: Policy, Practice, and Performance*）（哈佛教育出版社，2004）。

作者介绍

吉恩·安永是一位教育领域的批判思想家、研究者，为数不多的同时研究政治经济学和城市教育的学者。她的研究重点是种族、社会阶层和政策等的交织作用。她的著作包括《贫民区教育：城市教育改革的政治经济学》(*Ghetto Schooling: A Political Economy of Urban Educational Reform*)（纽约：教师学院出版社，1997），《激进可能性：公共政策、城市教育和新社会运动》(*Radical Possibilities: Public Policy, Urban Education, and a New Social Movement*)（纽约：Routledge 出版社，2005），《理论和教育研究：旨在批判的社会解释》(*Theory and Educational Research: Toward Critical Social Explanation*)（纽约：Routledge 出版社，2009），以及《马克思和教育》(*Marx and Education*)（纽约：Routledge 出版社，2011）。同时她还在纽约城市大学研究生中心担任社会和教育政策教授。

欧内斯托·J. 小科尔特是西部/西南部工业地区基金会（West/Southwest Industrial Areas Foundation，简称 IAF）的地区主任，该基金会位于芝加哥，创立者是已故的索尔·艾林斯基先生，在地区和州层面进行运作，主要工作是重塑地方民主、改善低收入和中等收入人群的生活。科尔特成功从事组织和监督的另一领域是公立学校改革。1984 年，他发起了联盟学校倡议，这个富有创新精神的创意将当地社区纳入公立教育，学生因此在学业成绩上取得了大幅度的、持续的提高，充分证明了这个倡议的意义。欧内斯托在组织社区辅助教育方面取得了巨大成就，因此屡次获得学术奖励以及众多荣誉，包括 1984 年的麦克阿瑟基金会奖。他也曾在众多著名专家小组、委员会和董事会任职，包括公共教育网络（Public Education Network），K-12 教育改革皮尤论坛（the Pew Forum for K-12

Education Reform），卡耐基低年级学习研究工作小组（the Carnegie Task Force on Learning in the Primary Grades），全国渐进式教学标准委员会（the National Board for Progressive Teaching Standards），以及国家教学及美国未来委员会（the National Commission on Teaching and America's Future）。

鲁迪·克鲁在 1995—1999 年担任纽约市公立校区名誉校长，2004—2008 年任迈阿密州戴得县公立校区教育局长。目前他在南加州大学罗西耶教育学院（Rossier School of Education）任教授，全球合作伙伴学院（Global Partnership Schools）院长。

莱瑞·库班是斯坦福大学教育学荣誉教授。成为教授之前，他曾任教于一所市中心中学，讲授社会研究课 14 年，并指导一个教师培训项目，培训归国的和平队志愿者担任城市教师；后在七年间担任地区的教育局长。他的诸多著作内容主要围绕各层次学校改革，讨论范围自小学低年级直至研究生教育。他的新作包括《拥抱中间部分：在考试和问责制的年代如何教学》（*Hugging the Middle: How Teachers Teach in an Era of Testing and Accountability*，教师学院出版社，2009）；《渐入佳境：学校改革给奥斯丁带来了什么》（*As Good as It Gets: What School Reform Brought to Austin*，哈佛大学出版社，2010），以及《逆流而行：从一个地区的小学校改革得到的发现》（*Against the Odds: Insights from One District's Small School Reform*），与盖瑞·利希滕斯坦（Gary Lichtenstein）阿瑟·伊文奇克（Arthur Evenchik），马丁·唐巴里（Martin Tombari）和克里斯滕·波佐伯尼（Kristen Pozzoboni）合著，哈佛大学出版社，2010）。

霍华德·加德纳是哈佛大学的约翰·霍布斯及伊丽莎白·霍布斯认知与教育学教授。他也是哈佛大学心理学兼职教授，哈佛"零点计划"资深负责人。加德纳教授曾获众多荣誉，包括 1981 年麦克阿瑟基金会奖及数个荣誉学位。

2005 年和 2008 年，他分别被《外交政策》（*Foreign Policy*）和英国《前景》杂志（*Prospect*）评为百位最具影响力的公共知识分子之一。他出版了 25 部作品，已被译成 28 种语言，发表论文数百篇；他最为人熟知的理论是多元智能理论，推翻了过去人只可以有一种被标准心理测量工具评价智能的说法。过去 20 年中，加德纳和他的同行们一直参与的领域包括设计绩效评估、理解教育、利用多元智能以实现更加个性化的课程设置、课堂讲授和教学法以及跨学科教育质量问题。

贝弗莉·L.霍尔自 1999 年至 2011 年间担任亚特兰大公立校区教育局长。在亚特兰大任职之前，她是新泽西州最大的校区——纽瓦克公立校区教育局长，这之前她曾先后担任纽约市公立校区教学副主席、纽约皇后区社区学校 27 区教育局长、布鲁克林 113 中学校长和 282 公立学校校长。霍尔女士担任哈佛大学城市教育局长项目顾问委员会主席，为该博士学位项目担任顾问，兼任卡耐基教学进步基金会（Carnegie Foundation for the Advancement of Teaching）受托人委员会委员及美国进步中心智能政府顾问委员会（Smart Government Advisory Board of the Center for American Progress）委员。2010 年 7 月，她当选大城市校区委员会主席，该机构是全国最大城市公立学校系统的联盟。她曾获得多项荣誉和奖励。2009 年，她被美国学校管理人员协会（American Association of School Administrators）任命为全国年度最佳教育局长，这是 K-12 阶段教育管理者的最高职业荣誉；2010 年，她获得由美国教育研究协会（American Educational Research Association）颁发的杰出公共服务奖，成为首位获得该奖项的 K-12 学校管理人员。

托马斯·赫尔是哈佛教育研究生院荣誉教授。1993—1999 年，他担任美国教育部特殊教育项目主任，在联邦层面负责《残疾人教育法案》（Individuals with Disabilities Education Act，简称 IDEA）的实施。赫尔在克林顿政府 1997 年 IDEA 重新授权工作的提议撰写中担任主要角色。1990 年，他担任芝加哥公立校区教育局副局长，负责特殊教育服务和学生援助服务。在这项工作中，他对特殊教育服务提供体系进行了重大的改革，大大提升了芝加哥在 IDEA 履行中的水平，并最终使联邦教育部公民权利办公室不再担任此项目的监督方。1978 年到 1987 年间，他在波士顿公立校区担任一系列职务，包括 1983—1987 年的特殊教育主任。他积极呼吁让残疾儿童获得教育机会，围绕特殊教育、特殊教育改革、州法律保障程序（due process）以及对残疾人最少限制环境问题等撰写了多部著作。他最新的著作是《特殊教育的新方向：减少健全至上主义》（*New Directions in Special Education: Eliminating Ableism*，哈佛教育出版社，2005）。

杰弗里·R. 海内各是美国教师学院（Teachers College）政治科学与教育专业教授，同时担任教育政策和社会分析系主任，并兼任哥伦比亚大学政治科学教授。他的教育政治著作包括《对择校的再思考：市场暗喻的局限性》（*Rethinking School Choice: Limits of the Market Metaphor*，普林斯顿大学出版社，1994），《学校改革的色彩：城市教育的种族、政治和挑战》（*The Color of School Reform: Race, Politics and the Challenge of Urban Education*，普林斯顿大学，1999），该书 1999 年被美国政治科学协会（American Political Science Association，简称 APSA）评为城市政治主题最佳著作；《打造公民能力：改造城市学校的政治》（*Building Civic Capacity: The Politics of Reforming Urban Schools*，堪萨斯大学出版社，2001），2001 年被 APSA 评为城市政治主题最佳著作；《在公共和私人之间：城市教育改革的政治、管理和新模式》（*Between Public and Private: Politics, Governance, and the New Portfolio Models for Urban School Reform*，哈佛大学出版社，2010）。他最新的著作，《陀螺旋：研究是如何被政治辩论所利用的；特许学校的状况》（*Spin Cycle: How Research Is Used in Policy Debates; The Case of Charter Schools*，罗素萨奇基金会，2008），2010 年获得美国教育研究协会杰出著作奖。

弗里德里克·M. 海斯是美国企业研究院教育政策研究的常驻学者兼主任。他主持教育周刊博客"里克海斯实话实说"（Rick Hess Straight Up），并撰写了多部影响力深远的教育著作，包括《循环往复》（*The Same Thing Over and Over*）、《挣脱束缚的教育》（*Education Unbound*）、《常识学校改革》（*Common Sense School Reform*）、《处在边缘的革命》（*Revolution at the Margins*）以及《转轮》（*Spinning Wheels*）。他的著作见于多部学术及大众期刊，如《教师学院记录》(Teachers College Record)、《哈佛教育评论》(Harvard Education Review)、《社会科学季刊》(Social Science Quarterly)、《城市问题评论》(Urban Affairs Review)、《美国政治季刊》(American Politics Quarterly)、《高等教育编年史》(Chronicle of Higher Education)、《卡潘》(Phi Delta Kappan)、《教育管理者》(Educational Leadership)、《美国新闻》(U.S. News)和《世界报道》(World Report)、《华盛顿邮报》(Washington Post)以及《国家评论》(National Review)。他担任主编的关于教育慈善事业、增加学校经费、教育研究的影响、教育企业以及"不让一个孩子掉队"等主题的著作被广泛引用。他担任《教育的未来》(Education Next)杂志执行编辑，赖斯教育投资项目（Rice Education Entrepreneurship Program）领导人，城市教育奖评审委员会委员，国家特许学校授权者协会主任委员（National Association of Charter School Authorizers），4.0学校，美国优秀教师认证委员会委员（American Board for the Certification of Teaching Excellence）。他曾经在高中担任社会学教师，后在弗吉尼亚大学、宾夕法尼亚大学、乔治敦大学、赖斯大学、哈佛大学等任教，拥有教学和课程教育学硕士学位、哈佛大学政府学本科和博士学位。

黛博拉·朱厄尔-谢尔曼，哈佛教育研究生院城市教育主管项目毕业生，作为国内最成功的城市地区教育主管之一而广为人知。在加入哈佛教育研究生院教师队伍之前，朱厄尔-谢尔曼曾在2002年担任弗吉尼亚列治文公立校区教育局长，取得了一连串的突破性进展，2009年被该州教育主管协会任命为弗吉尼亚州教育局长。在她任职的六年期间，列治文成绩最差的学校中，有95%进入了弗吉尼亚学习评估达标学校行列。此外，依据2008年州教育局统计，该州达到学习评估标准的学校总数由原来仅仅18%上升到了91.7%。朱厄尔-谢尔曼目前担任城市教育主管项目主任，兼任哈佛教育研究生院新教育领袖博士学位项目教务长，此外，她还是哈佛教育研究生院和南非约翰内斯堡大学联合项目的首席调查员。

布拉德·贾普是美国教育部部长阿恩·邓肯（Arne Duncan）的高级

项目顾问。他是丹佛公立校区的资深教师,任教 24 年,教授中学语言艺术和社会研究,并任丹佛教师协会领导人,同时兼任教育局长迈克尔·班尼(Michael Bennet)的顾问。

丹尼斯·立特基 40 年来为教育革新而不懈努力,通过"全局学习"(Big Picture Learning)这一理念的设计使百余所学校脱颖而出,其中包括肖勒姆–维丁河中学(Shoreham-Wading River)、College Unbound 项目等。

黛博拉·梅耶尔是纽约大学斯坦哈特教育学院高级学者,波士顿传教山高中"新项目"董事会成员、主管,民主和教育论坛主任、顾问,"基础学校联盟"董事会成员。她历时 40 年致力于公立教育,任教、写作并积极为公共事务倡议呼吁。梅耶尔是学习理论专家,她鼓励在公共教育领域为提升民主和平等采取新的举措。1985 年她在纽约市成立了中央公园东中学(Central Park East Secondary School),1992 年到 1996 年间,她担任"联盟校园计划"(Coalition Campus Project)副主任,成功地重新设计了两所面临关停命运的大型城市高中,创立了十多所小型联盟学校。她是纽约市安嫩伯格挑战项目(Annenberg Challenge)的顾问,1995—1997 年大学安嫩伯格研究院高级研究员。1997—2005 年,她创立了波士顿公立学校中的 K-8(幼儿园到八年级)实验学校"传教山中学"并担任校长。她为数份杂志担任编辑,如《异议》(Dissent)、《国家》(The Nation)以及《哈佛教育通讯》(Harvard Education Letter)。是教育者社会责任协会(Educators for Social Responsibility)、松下基金会(the Panasonic Foundation)成员,国家职业教学标准委员会(National Board of Professional Teaching Standards)、北达科他州评价研究小组(North Dakota Study Group on Evaluation)等机构的创办者之一。她曾获得多个荣誉学位,1987 年获得著名的麦克阿瑟奖(MacArthur Foundation fellowship)。近些年的著作包括《我们信仰学校》(In Schools We Trust,Beacon Press, 2002);与泰德·赛泽和南希·赛泽(Ted and Nancy Sizer)合著《保留学校》(Keeping School,Beacon Press, 2004);《许多孩子被丢下了》(Many Children Left Behind,Beacon Press, 2004)。她的近作是与 Brenda S. Engel, Beth Taylor 合著的《见者有份》(*Playing for Keeps*, Teachers College Press，2004).

罗恩·米勒30年来致力于教育替换方案的研究。他曾接受蒙台梭利培训，后完成对美国文化和历史基金会的博士生研究。共撰写和编写了九本关于进步主义教育、民主教育和全人教育方面的著作。曾任教于戈达德学院教育专业，创立了一所独立学校和两份刊物。他曾多年为《教育革命》杂志担任编辑。现已退休，在佛蒙特市伍德斯托克开办了一家书店，他的许多著作可以在网上找到。

索尼娅·涅托是马萨诸塞大学艾摩斯特学区的荣誉教授，教学生涯跨越小学教师到博士生导师。主要研究方向为多文化教育、教师教育、拉美裔、移民及其他多文化语言背景的学生教育。她的专著包括与帕蒂·博德（Patty Bode）合著的《肯定多元：多文化教育的社会政治语境》(*Affirming Diversity: The Sociopolitical Context of Multicultural Education*，2008年第五版)，《他们眼中的光：创造多文化学习社群》(*The Light in Their Eyes: Creating Multicultural Learning Communities*，2010)，《是什么让老师们走下去》(*What Keeps Teachers Going*，2003)，以及主编的三本书，《美国学校中的波多黎各学生》(*Puerto Rican Students in U.S. Schools*，2000)，《为何而教》(*Why We Teach*，2005)，《亲爱的保罗：敢当教师的人写的信》(*Dear Paulo: Letters from Those Who Dare Teach*，2008)。她在数个地区和国家级咨询委员会任职，主要研究方向是教育公平和社会公正，曾因研究、教学和公益方面的贡献获得许多学术、社群奖励及四个荣誉博士学位。

查尔斯·M.佩恩是芝加哥大学社会服务管理学院的弗兰克·P.希克森荣誉教授，2011年任芝加哥公立学校临时首席教育长官。他的研究兴趣包括城市教育和学校改革、社会不公、社会变革和现代美国非裔历史。他最新出版了著作《无数改革，些微成效》(*So Much Reform, So Little Change*，哈佛教育出版社出版)，并与人合编论文集《教你自由：非裔美国人自由教育的传统》(*Teach Freedom: The African American Tradition of*

Education for Liberation）。

拉瑞·罗森斯托克获得法学学位之后，在波斯顿和剑桥的城市高中教了 11 年木工课。他曾在哈佛法律和教育中心担任法务专员两年，后任哈佛教育研究生院讲师五年。曾任林奇技术学院（Rindge School of Technical Arts）、剑桥林奇与拉丁学校校长，联邦新城市高中项目主任，普莱斯慈善基金会主席，圣地亚哥 High Tech High 网络创立人及总裁、High Tech High 教育研究生院校长。1992 年，他的"城市作品"（City Works）项目获得福特基金会州和地方政府创新奖。他也是"爱创家协会"成员（Ashoka Fellow），2010 年麦格劳教育奖（McGraw Prize in Education）得主。

马克·西蒙目前在美国经济政策研究所（Economic Policy Institute）担任教育政策分析专家，兼任慕尼教师与工会领导研究院（Mooney Institute for Teacher and Union Leadership）全国协调员。他曾在马里兰州蒙哥马利县教授高中社会研究课程长达 16 年，在 12 年间获选当地教师工会主席，并服务于美国全国教育协会董事局。他同时也是一位家长，华盛顿特区公立学校事务的社区活动家，开通两个博客：www.mitul.org 和 www.realeducationrefromdc@ blogspot.org。

马歇尔·S. 史密斯最近退休，此前担任美国教育部国际事务部主任，兼任美国联邦教育部部长阿恩·邓肯（Arne Duncan）的高级顾问。他在美国教育部担任核心顾问的时间历经三届总统任期，曾被美国权威教育刊物《教育周报》评为 1995—2005 年十年间最有教育政策影响力的十大人物之一。在联邦政府任职期间，史密斯监督了数项重大教育法律的形成和实施。在政府职务之外，史密斯历任哈佛大学副教授、威斯康星-麦迪逊大学教授、斯坦福大学教授、教育学院院长。他曾任加州门洛帕克市"威廉与佛洛拉·休利特基金会"（William and Flora Hewlett Foundation）教育项目主任；作为美国教育学院成员，美国研究学会董事局前主席，史密斯针对多个课题，包括学校教育有效性以及基于标准的教育改革，撰写了多部著作和文章。